ÉTUDE

SUR

LA MUSIQUE

LE ROLE DE LA MÉLODIE, DU RHYTHME ET DE L'HARMONIE

DANS LA MUSIQUE

CHEZ TOUS LES PEUPLES DE L'EUROPE

DEPUIS LE MOYEN-AGE JUSQU'A L'ÉPOQUE ACTUELLE

PAR

M. Léon REUCHSEL

Organiste et maître de chapelle à Saint-Bonaventure (Lyon)

Mémoire couronné par l'Académie des Sciences, Belles-Lettres et Arts de Lyon dans la séance du 27 juillet 1880 (Prix Christin et de Ruolz)

LYON

ASSOCIATION TYPOGRAPHIQUE

T. Géraud, rue de la Barre, 12

1880

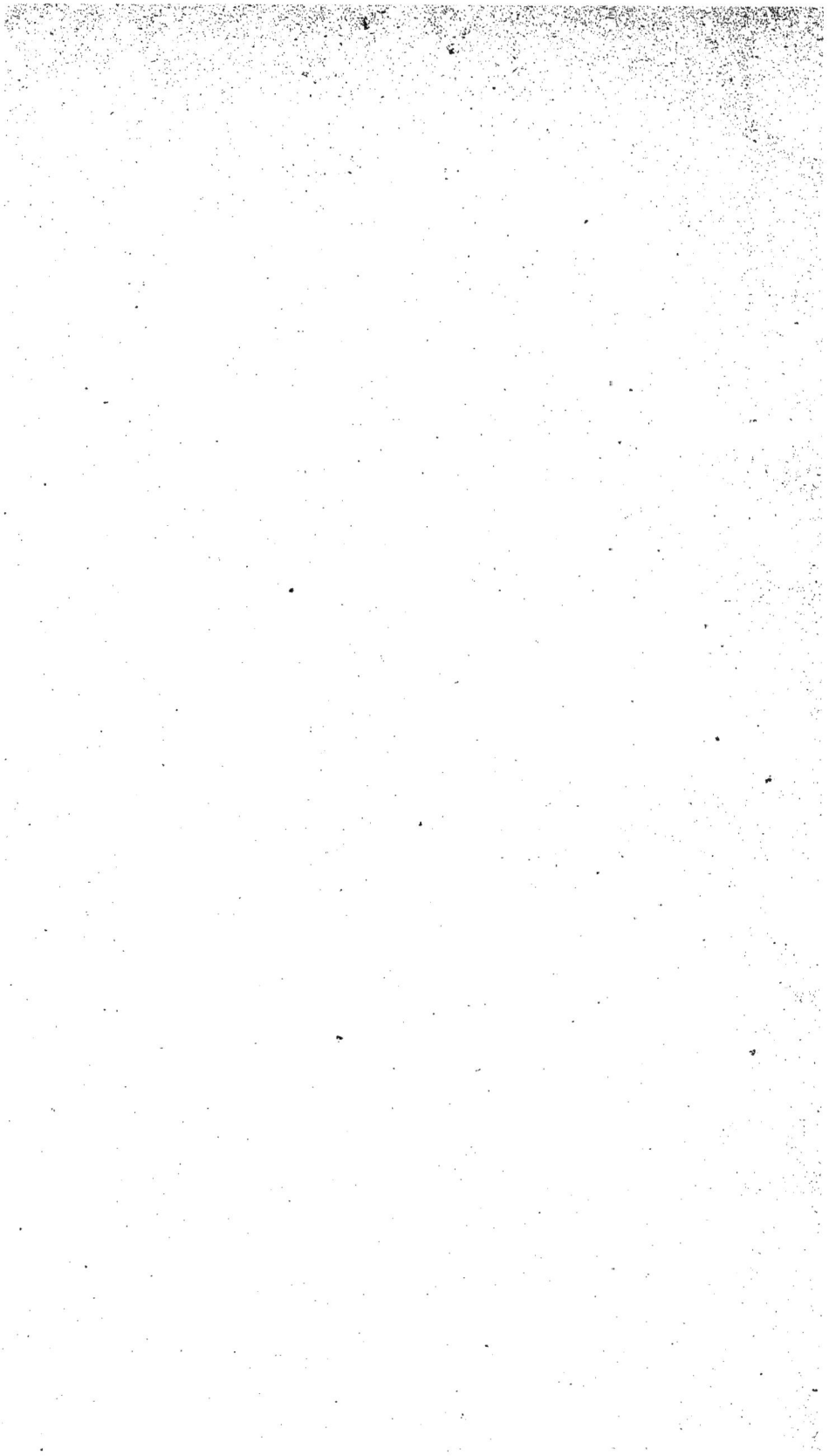

ÉTUDE

SUR

LA MUSIQUE

Extrait des Mémoires de l'Académie des Sciences, Belles-Lettres et Arts de Lyon,
(volume dix-neuvième de la classe des Lettres).

ÉTUDE

SUR

LA MUSIQUE

LE ROLE DE LA MÉLODIE, DU RHYTHME ET DE L'HARMONIE

DANS LA MUSIQUE

CHEZ TOUS LES PEUPLES DE L'EUROPE

DEPUIS LE MOYEN-AGE JUSQU'A L'ÉPOQUE ACTUELLE

PAR

M. Leon REUCHSEL

Organiste et maître de chapelle à Saint-Bonaventure (Lyon)

*Mémoire couronné par l'Académie des Sciences, Belles-Lettres et Arts de Lyon
dans la séance du 27 juillet 1880 (Prix Christin et de Ruolz.)*

LYON
ASSOCIATION TYPOGRAPHIQUE
T. Giraud, rue de la Barre, 12

1880

TABLE DES MATIÈRES

ÉTUDE

SUR

LA MUSIQUE

LE ROLE DE LA MÉLODIE, DU RHYTHME ET DE L'HARMONIE

DANS LA MUSIQUE

CHEZ TOUS LES PEUPLES DE L'EUROPE

DEPUIS LE MOYEN-AGE JUSQU'A L'ÉPOQUE ACTUELLE

PAR

M. Léon Reuchsel

Organiste et maître de chapelle à Saint-Bonaventure (Lyon)

« L'essence du beau est l'unité dans la
« variété. »
(Mendelssohn).

INTRODUCTION

La question de musique que nous allons traiter est, à nos yeux, l'histoire comparée des fluctuations de l'art depuis sa naissance jusqu'à son complet épanouissement. La mélodie, le rhythme et l'harmonie sont, en effet, les trois éléments constitutifs de la langue musicale. La *mélodie* est une succession de sons dans lesquels notre oreille reconnaît un chant significatif par lui-même. Le *rhythme* est le mouvement qui parcourt la

mélodie pour en définir le caractère, ce qui fit dire à Martianus
Capella, grammairien du Ve siècle : « La mélodie est la femme,
et le rhythme l'homme qui la féconde. » L'*harmonie* est le
résultat de plusieurs sons simultanés, fixant la tonalité par des
suites d'accords qui s'appellent et s'enchaînent comme les pro-
positions dans un discours.

Ainsi que les langues parlées, la musique a mis des siècles
à s'épurer et à acquérir toute l'élégance et le charme qu'elle
possède aujourd'hui. Il serait difficile d'énumérer les tâtonne-
ments qui ont été faits pour ramener à l'unité de gamme les
modes du plain-chant, espèces de dialectes divers, absorbés
finalement par une langue régulière, vers la fin du XVIIe siècle.
Les chefs-d'œuvre de Palestrina avaient, il est vrai, avant cette
époque, créé la prière chantée, en débarrassant la mélodie
religieuse des ronces du contrepoint ; mais la mélodie séculière
ne devait réellement apparaître que quelques années plus tard.
On en attribue généralement l'invention à Caccini qui, en 1601,
publia un recueil de chants avec accompagnement de guitare.

Quant au rhythme régulier, il se fait remarquer pour la première fois (1640) dans la *Jérusalem délivrée*, de Monteverde,
compositeur auquel l'harmonie doit l'accord de septième dominante et ses dérivés.

Ce n'est qu'à partir du siècle de Monteverde qu'il est possible
de faire un classement des écoles musicales, c'est-à-dire des
différents centres d'idées et des procédés particuliers à chaque
pays. Cependant, bien que les compositions des musiciens
antérieurs à cette époque offrent peu d'attrait, nous en citerons
quelques fragments dans cette étude ; ces citations partielles
sont, à notre avis, le moyen le plus sûr de démontrer les progrès
successifs de l'art.

Nos recherches ne remontent pas au-delà du IXe siècle ; car,
s'il existe auparavant des vestiges d'harmonie et des mélodies
plus ou moins cadencées, l'analyse nous en a paru dénuée de

tout intérêt général. Nous avons enfin borné notre étude aux œuvres des trois peuples qui sont connus pour avoir effectivement contribué à la formation de l'art, savoir : la France, l'Italie et l'Allemagne. Nous ne dirons qu'en passant quelques mots de la musique chez les autres peuples de l'Europe.

Pour plus de clarté, nous avons divisé notre travail en DEUX GRANDES PARTIES : la première s'étend du IXᵉ au XVIᵉ siècle, et la deuxième du XVIᵉ siècle jusqu'à nos jours. Ces deux divisions principales ont reçu plusieurs subdivisions qui seront comme autant d'étapes à travers le voyage que nous entreprenons.

La PREMIÈRE PARTIE comprend *trois époques*. La première de ces époques (IXᵉ à XIIIᵉ siècle) nous montre l'harmonie cherchant à se débarrasser de ses langes dans les premiers essais de musique religieuse, et nous découvre le germe du rhythme et de la mélodie dans les chansons des Ménestrels. La deuxième époque (XIVᵉ siècle) fait surtout entrevoir les progrès rapides de l'harmonie sous Dufay, Egide Binchois et Jean Dunstaple. Les œuvres de ce dernier musicien font déjà pressentir l'éclosion du rhythme régulier. Dans la troisième époque (XVᵉ siècle), il est question de l'école fondée par Ockeghem, cet inventeur de plusieurs espèces de canons ; il est aussi dit quelques mots de la mélodie et du rhythme qu'on trouve dans les chansons badines ; toutefois, la véritable mélodie rhythmée n'est pas encore née.

La SECONDE PARTIE comprend également *trois époques*. Dans la première (XVIᵉ à XVIIIᵉ siècle), on voit l'essor de l'harmonie sous l'impulsion de la dissonnance naturelle, la création du rhythme régulier, l'épanouissement de la mélodie pure et la transformation apportée à l'opéra par Glück. Dans la deuxième époque (XVIIIᵉ siècle), le rhythme, l'harmonie et la mélodie arrivent à leur plus haut degré de perfectionnement au temps de Mozart. La troisième époque n'est autre chose que le tableau des efforts tentés par les compositeurs modernes à la recherche d'une voie nouvelle, efforts dont le premier résultat est d'étouffer la mélodie par le développement abusif du rhythme et de l'harmonie.

Pour assurer notre marche, nous ne nous sommes pas contenté de consulter les ouvrages français de Koussemaker, de Fétis, de Scudo, etc.; nous avons puisé à maintes sources étrangères, traduisant des chapitres entiers de Zarlino, de Brendel, de Schilling, de Forkel, de Burney, de Baïni, de Villarosa, et nous avons comparé souvent les jugements de ces auteurs les uns avec les autres, avant de nous décider à en tirer des conclusions impartiales.

Enfin, bien que les détails biographiques ne soient point indispensables dans une Étude comme la nôtre, il y en a que nous avons cru devoir accueillir; car, le talent d'un artiste ne dépend pas seulement de l'école où il a puisé ses principes, mais aussi, et surtout, du milieu dans lequel il a vécu.

Nous nous flattons peut-être, en espérant que nos recherches répondront en partie à l'attente de ceux qui doivent nous juger; en tout cas, nous félicitons l'Académie de Lyon du choix de la question mise au concours. Il est bon que de temps en temps les amis officiels de l'art consentent à jeter un coup d'œil sur le passé et à le rapprocher du présent. Cette sorte d'examen de conscience ne peut que profiter à l'esthétique musicale, puisqu'il apprend aux jeunes compositeurs de l'avenir et la route qu'ils doivent suivre et les écueils qu'il leur faut éviter pour bien faire.

PREMIÈRE PARTIE

PREMIÈRE ÉPOQUE (Du IXe au XIIIe siècle)

I

Hucbald, moine de Saint-Amand, en Flandre, mort vers l'année 930 de notre ère, est le premier théoricien du moyen-âge musical qui mérite de fixer notre attention. Sans être un de ces génies qui brillent dans leur siècle et donnent de l'impulsion à la science dont ils s'occupent, Hucbald a traité quelques parties de son art avec autant de méthode que le lui permettaient les matériaux dont il disposait. Il fut l'inventeur d'une nouvelle notation *neumatique* qui eut des avantages de lucidité et de laconisme sur les précédentes; mais, comme ses devanciers, il ne reconnut que trois consonnances ou symphonies : la *quarte,* la *quinte* et *l'octave.* L'application de ces intervalles à toutes les notes du chant engendrait évidemment une cacophonie épouvantable; mais, pour l'oreille d'Hucbald et de ses contemporains, ces agrégats de sons avaient, paraît-il, un certain attrait. Cette espèce d'harmonie s'appelait *diaphonie.* Odon, abbé de Cluny, écrivain du Xe siècle, nous apprend qu'on y repoussait les intervalles de *tierce* et de *sixte,* parce qu'ils sont variables d'un demi-ton, tandis que ceux de *quarte* et de *quinte* ne le sont pas.

Voici des exemples de ces harmonies barbares :

Diaphonie de quintes, à deux voix.

Tu pa-tris sempi - ter-nus es fi - li - us.

Diaphonie de quartes, à deux voix.

Tu pa-tris sempi - ter-nus es fi - li - us.

On doublait souvent ces quartes et ces quintes à l'octave supérieure, et l'on avait une harmonie à quatre parties d'une barbarie encore plus épouvantable.

Après Hucbald, Gui d'Arezzo est le musicien le plus remarquable du moyen-âge. Né dans les dix dernières années du Xe siècle, Gui d'Arezzo, moine de l'abbaye de Pompose, en Toscane, a laissé un livre important sur la musique ; mais il ne fut pas, de son aveu, l'auteur de toutes les inventions qu'on lui attribua. On lui doit cependant les noms des notes : *ut, ré, mi, fa, sol, la, si,* qu'il tira de l'hymne :

Ut *queant laxis*
Resonare *fibris*
Etc....

Il est aussi l'inventeur d'un monocorde, ou instrument à une seule corde soutenue par un chevalet mobile, qui permet de rendre perceptibles à l'oreille les intonations différentes des notes. Quant à ses harmonies, ce sont les mêmes que celles citées par Hucbald, au siècle précédent, c'est-à-dire des diaphonies de quartes et de quintes, agrégats dont il parle au dix-huitième chapitre de son Micrologue (1). Cependant une autre espèce de diaphonie à deux voix, plus spécialement appelée *organum,*

---

(1) *Micrologus de disciplina artis musicæ,* écrit vers 1020.

laisse, déjà de son temps, entrevoir l'emploi de rares tierces et de quelques secondes. Exemple :

Ve - ni ad do - cen - dum nos vi - am pru - den - ti - œ

On voit, par cet exemple, qu'aucune règle rationnelle ne fixait l'emploi des intervalles, et que les « Midas » de cette époque pouvaient supporter les dissonnances les plus dures sans baisser l'oreille. Comme preuve nouvelle, nous ajouterons que Jean Cotton, auteur musical du XIe siècle, disait : « Maître « Salomon fait chanter la quinte, là où maître Albin veut la « quarte, et où maître Trudon n'admet que la tierce. »

D'après Jean Scot Erigène, philosophe du IXe siècle, la diaphonie-organum était un genre de musique qu'on qualifiait de *discordant;* la symphonie, au contraire, simple chant à l'octave, était considérée comme *concordante.*

Le genre d'harmonie dont nous parlons se conserva long-temps, puisque d'après Gafori, savant musicien de la fin du XVe siècle, on chantait encore de son vivant, à la cathédrale de Milan, les litanies appelées *Litaniæ discordantes,* dont voici un spécimen :

Do — mi - ne mi-se - re - re.

Jean Cotton est le dernier auteur de musique du XIe siècle. Il a écrit un ouvrage intitulé : *Epistola Johannis ad Fulgentium,* divisé en vingt-sept chapitres. Dans le treizième, qui a pour titre : *Super græca notarum vocabula expositio,* il décrit une manière de compter sur les doigts les sons des octaves et crée la main musicale qu'on attribue faussement à Guido.

Voilà où en était la musique à la fin du XIe siècle. Tous les musiciens qui ont écrit jusque-là sont plutôt des théoriciens que des compositeurs. Mais l'entreprise des Croisades va faire naître des circonstances plus favorables au développement de la musique.

II

Pendant que les seigneurs français sont en Palestine, les jongleurs et chanteurs populaires se multiplient en France, et cherchent à égayer les jours d'ennui des châtelaines. L'établissement des communes (1070), en tempérant l'arrogance des seigneurs, accroît un peu la liberté d'esprit du peuple et imprime à ses chants des tours plus vifs et plus gais; les Sarrasins apportent dans l'Aquitaine leur musique orientale émaillée de ficritures inconnues et éveillent le goût musical des Troubadours qui apparaissent, en Provence, bien avant les Trouvères du nord; enfin les seigneurs, revenus de la terre sainte avec des mœurs adoucies, les oreilles remplies d'une musique inconnue, et les yeux ravis par un luxe merveilleux, se trouvaient disposés aux accents de la poésie et de l'art musical. Des chansons populaires surgissent çà et là, dans le midi de la France; mais si le début de chacune d'elles a quelque chose de mélodique, le reste devient bientôt vague et ennuyeux, et ne laisse voir aucun souci de répondre au sentiment exprimé par les paroles. La plupart du temps, le rhythme y est mal assis, et la symétrie périodique de mesures ou de temps y fait souvent défaut, bien que les vers soient régulièrement construits. V., planche 1, un spécimen de ces chansons : les deux premières phrases y riment passablement; ce qui suit, avec son nombre pair de mesures, n'est que monotone.

En dépit de ces imperfections, les créations des Troubadours et des Jongleurs exercèrent une certaine influence sur l'époque qui les vit naître; elles adoucirent les mœurs de ces temps de brutalité, et, bien que basées sur le caractère de modalité du plain-chant, sans avoir aucune vue de la modulation moderne, elles furent le point de départ d'une poésie chantée et d'une musique séculière. Dinaux nous apprend que, sauf de rares exceptions, les Trouvères, ou chanteurs ambulants du nord de la France, se montrèrent au XIIIe et au XIVe siècle; il ne met pas en doute qu'ils aient été les élèves des Troubadours.

V., planche 2, une des chansons du châtelain de Coucy, qui vivait dans la seconde moitié du XIIe siècle, et qui est un des plus anciens Trouvères dont on connaisse les œuvres. Ce châtelain affectionnait la mesure en *trois temps*, ce qui rend toutes ses chansons un peu similaires; mais le rhythme de la phrase est généralement régulier et symétrique, chose remarquable pour l'époque.

Les poésies chantées des Trouvères et des Troubabours s'appelaient *chansons*, *lais*, *serventes*, *rotruenges*, *pastourelles*, *complaintes*, *jeux-partis*, *fabliaux* et *romans*. Si la poésie des Trouvères n'est guère supérieure à celle des Troubadours, il n'en est pas de même de leur musique. En regardant de près les chansons du sire de Coucy, on y découvre une mélodie aux formes déjà souples et hardies, et un rhythme assez bien dessiné. En général, les chants du nord de la France et de la Belgique émanent de tempéraments supérieurs à ceux du midi, dès le XIIIe siècle, et ils annoncent, dans un avenir prochain, l'éclosion du grand art musical.

Les *Minnesinger*, ou chanteurs ambulants de l'Allemagne, apparaissent un peu après les Trouvères. Ils puisent dans les chansons arabes par l'intermédiaire des Croisés. V., planche 3, un exemple de leurs productions.

Les Minnesinger ne subsistent guère qu'un siècle, et ont pour successeurs les *Meistersinger* ou maîtres-chanteurs, institués par Henri Frauenlob, à Mayence, au XIVe siècle. Leurs chants sont lourds et se rapprochent du plain-chant; ils ont même déjà le caractère du choral protestant qui viendra plus tard. V. planche 4.

L'Angleterre a aussi ses ménestrels, et nous devons l'avouer, leurs chants sont plus cadencés, mieux rhythmés que ceux même des Trouvères et des Troubadours. Ils les chantent à deux parties, la seconde voix s'harmonisant avec la première tout naturellement et comme par habitude. On jugera de la supériorité de leurs productions en lisant les exemples de la planche 5.

III

Pendant que les Trouvères, les Troubadours, les Ménestrels et les Minnesinger faisaient entendre des chansons dont le rhythme et la tonalité se caractérisaient de plus en plus, les maîtres de l'art (compositeurs de l'époque) ne parvenaient qu'à réunir des agrégats monstrueux de notes, négligeant la correspondance rhythmique des mesures et des phrases. S'ils avaient essayé d'ajuster une ou plusieurs parties sous les mélodies populaires, la science de l'harmonie eût certainement avancé; tout au moins le rhythme aurait sauvé les relations à peu près supportables des intervalles, et nous pourrions comprendre que leur musique ait eu des admirateurs; car elle en a eu, et de nombreux.

Quelles sont donc les règles de contrepoint qui succédèrent à celles de Jean Cotton? Francon de Cologne (écrivain de la seconde moitié du XIe siècle) nous dit qu'il y a trois consonnances : l'unisson, l'octave et la quinte; plus, trois accidentelles : la tierce mineure, la tierce majeure et la sixte majeure. Il ajoute qu'il y a six dissonnances : la seconde mineure, la seconde majeure, le triton, la sixte mineure, la septième majeure et la septième mineure. Francon ne classe pas la quarte. V., planche 6, quelques exemples de l'application de ces règles. On y reconnaît que Francon admet, comme dans l'organum, des succes-

.sions de quartes, de quintes et d'octaves, mais d'une façon moins continue.

Après le *déchant*, ou harmonie à deux voix, vient le *triplum* ou harmonie à trois voix. Le prétendu trio, que nous donnons planche 7, nous prouve une fois de plus le peu d'habileté des musiciens de l'époque dans les relations d'intervalles. Nous donnons, planche 8, un autre spécimen de ces élucubrations musicales. Ce morceau est dû à la plume d'un certain Pérotin, maître de chapelle de Notre-Dame de Paris, au XII⁰ siècle. Il fut surnommé le *Grand*, à cause de la supériorité de ses œuvres. En analysant le morceau, on voit que toutes les monstruosités imaginables y sont accumulées : manque d'unité tonale, ramassis de quartes, successions de quintes, etc., etc. (1).

De ce qui précède on peut conclure que, grâce aux chanteurs ambulants, la mélodie et le rhythme sont en progrès pendant les trois siècles que nous venons de parcourir, mais que l'harmonie est stationnaire et qu'elle voit, pour ainsi dire, l'horizon fermé devant elle, alors que tous les autres arts prennent leur essor, alors que le Dante, Giotto, Cimabuë, conçoivent déjà leurs chefs-d'œuvre.

Adam de la Halle marque presque la fin de ce règne barbare de la musique. Du chef-lieu de la Somme, où il était né et connu sous le nom de *Bossu d'Arras*, Adam se rendit à Paris, de là en Palestine, en Syrie, en Égypte, revint en Provence, puis alla à Naples comme attaché du comte d'Artois. Ces voyages eurent une influence heureuse sur sa veine mélodique; ils lui firent abandonner l'harmonie de son temps, probablement parce que celle qu'il entendit à l'étranger lui ouvrit les yeux sur les monstruosités musicales de son pays. Dans l'exemple de la

(1) Nous pourrions multiplier ces exemples, mais le but et les limites de ce travail ne nous le permettent pas. On trouvera dans l'*Art harmonique* de Koussemaker des images nombreuses du savoir des musiciens, au XI⁰, XII⁰ et XIII⁰ siècles.

planche 9, on reconnaîtra que ce musicien-poète (il faisait aussi des vers) marque un progrès sur le passé : il sait allier le rhythme binaire au ternaire et repousser les affreuses dissonnances, aussi bien que les fausses relations.

Au XIVᵉ siècle, les perfectionnements du contrepoint s'accentuent davantage, et le rondeau de Jeannot de Lescurel, datant de 1320 environ, que nous citons planche 10, nous prouve que la musique a trouvé la voie qui doit la mener à l'art véritable. Comparé aux œuvres du siècle précédent, ce rondeau dénote un sentiment plus juste des relations harmoniques. On y trouve encore quelques fautes de quinte et d'octave, mais seulement entre des notes de peu de durée.

Un célèbre musicien de la fin du XIIIᵉ siècle, Jean de Muris, contribua puissamment aussi à l'épuration de l'harmonie. Il considérait les tierces et les sixtes comme des dissonnances, qui doivent se résoudre sur des consonnances. Exemple :

Il fut le premier à prohiber les marches de quartes et de quintes, condannant ainsi formellement les règles du déchant et de l'organum.

IV

La marche de la musique est arrêtée en Italie depuis Guido d'Arezzo jusqu'à la fin du XIIIᵉ siècle. A cette époque, un certain Marchetto, de Padoue, écrit deux ouvrages sur la musique : *Lucidarium in arte musicæ planæ* et *Pomœrium in arte musicæ mensuratæ*. L'auteur indique une division du temps de la mesure qu'on ignorait jusqu'alors. Selon lui, le temps est divisible par 6, 8, 9, 10, 11 et 12 semi-brèves. Il donne une nouvelle figure de note : ◊ ou ◆ . Dans toutes ses œuvres, la mesure binaire semble supplanter la mesure ternaire, que les musiciens d'auparavant considéraient comme la seule parfaite. Ils étaient, à ce sujet, influencés par ce préjugé : « Numerus vero ternarius est perfectus, assumptus a Trinitate, scilicet Pater, filius et spiritus sanctus, ubi est summa perfectio. »

Marchetto n'a pas seulement contribué aux progrès du rhythme par ses innovations ; on lui doit aussi, en harmonie, l'essai d'intervalles encore inconnus, tels que ceux de septième, de quarte augmentée et de seconde mineure. Ainsi que Jean de Muris, il considère les tierces et les sixtes comme des dissonnances, qui doivent se résoudre sur des consonnances. Exemple :

L'harmonie, sortie de ses langes avec Hucbald, Francon de Cologne, Guido d'Arezzo, Marchetto de Padoue, arrive à son premier développement à la fin du XIIIᵉ siècle. A partir de cette époque, la mélodie, le rhythme et l'harmonie se perfectionnent rapidement. Au nombre des agents qui en facilitent l'essor, nous plaçons, en première ligne, l'invention de la portée et la notation proportionnelle, plus propres à indiquer clairement la durée et la place des notes que la notation de Boëce, lequel employait les quinze premières lettres de l'alphabet romain ; que celle de saint Grégoire, lequel n'usait que des six premières, enfin que le système des *neumes*, qui était exclusivement composé d'accents, de virgules et de points, et qui déroutait souvent le chantre le plus habile. Mais nous observons aussi qu'au commencement du XIVᵉ siècle, les musiciens du nord, connus sous le nom général de *Flamands*, se répandent dans toute l'Europe, dirigeant les chapelles musicales et les maîtrises, que le goût de l'art fait naître partout.

DEUXIÈME ÉPOQUE (Le XIVᵉ siècle)

En Italie, on trouve, au commencement du XIVᵉ siècle, de petites compositions assez parfaites sous le rapport de l'harmonie. Ainsi, dans un manuscrit de Roquefort, qui porte la date de 1375 et le nom de Johannes Florentinus, on rencontre des dissonnances par prolongation résolues régulièrement. Lisez l'exemple de la planche 12, et vous pourrez vérifier que la tonalité y est établie d'un bout à l'autre, que les incorrections dans les successions de consonnances y sont rares, que les dissonnances produites par la prolongation se résolvent régulièrement, que les voix ne se croisent pas souvent, enfin que le rhythme est ferme et la variété des formes assez grande (1).

En Allemagne, aucun écrit, aucune note de musique ne vient nous révéler l'état de l'art à cette époque.

L'Espagne en est au même point que l'Allemagne.

L'Angleterre est alors, avec la France, le pays qui fait le plus pour l'art musical. Elle a eu sans doute ses partisans des erreurs du déchant; mais il devait y avoir aussi en Angleterre une école musicale bien dirigée, car, dans un traité qui date de 1351 et qui a pour titre : *De quatuor principalibus in quibus totius musicæ radices consistunt,* Simon Tunstède nous enseigne que l'usage des tierces et des sixtes majeures et mineures est nécessaire à une harmonie régulière.

Deux musiciens célèbres terminent le XIVᵉ siècle : ce sont les Belges Guillaume Dufay et Egide Binchois. Adam de Fulde, qui écrit en 1490, attribue à Dufay plusieurs perfectionnements dans la notation et dans la manière de préparer et résoudre les

(1) Il y a néanmoins encore des fautes de quintes et d'octaves; mais Johannes Florentinus se montre supérieur à Guillaume de Machaut, très-célèbre musicien français de la même époque, et dont nous citons un morceau, planche 24.

dissonnances. Attaché à la chapelle de Grégoire IX, quand ce pape rétablit à Rome le siège de la papauté, transplanté à Avignon, Dufay écrivit une quantité de messes et de chansons. Les perfectionnements sont frappants dans les harmonies que nous citons, planches 12 et 12 *bis*. Si les compositeurs d'Italie connaissaient aussi bien que lui les retards de la tierce par la quarte, c'est Dufay qui, le premier, introduisit le retard de l'octave par la neuvième. Les règles qui concernent les dissonnances, et que nous appliquons aujourd'hui, sont donc posées dès le XIVᵉ siècle. Mais Dufay n'a pas seulement perfectionné l'harmonie; il a su donner aux mouvements des voix des formes différentes, appelées *imitations*. L'élégance de son style est saillante dans les exemples que nous citons, planches 13 et 13 *bis*.

A côté de Dufay, Egide Binchois tient une place importante dans l'histoire de la musique. Binchois était attaché à la chapelle de Philippe-le-Bon, vers 1352. Son harmonie est aussi correcte que celle de Dufay, mais son style est plus frais, plus mouvementé et le rhythme de la phrase plus assuré. La bibliothèque royale de Bruxelles possède en manuscrit une messe de lui, à trois voix, que nous regrettons de ne pouvoir citer.

Jean Dunstaple partage avec les deux musiciens qui précèdent la gloire d'avoir fondé l'harmonie pure. Il naquit en Ecosse, vers 1400. (V. une de ses chansons, planche 14.) Les paroles italiennes que comporte cette musique donneraient à penser que Dunstaple voyagea en Italie et qu'il y puisa la science qu'il possédait; cependant il mourut dans son pays, vers 1458.

Après les trois hommes que nous venons de citer, les harmonistes se multiplient. Parmi les principaux, nommons Eloy, Vincent Fauques, Brossart, Domart et Jacques Barbireau, qui écrivent dans le genre de Dufay et de Binchois, formant avec eux une seule et même école. On remarque dans leurs œuvres une recherche fréquente d'une partie par une autre, soit sur les mêmes notes, soit à l'octave, soit à un autre intervalle. Cette espèce de chasse, ou *fugue* (de *fuga*, fuite), qui naquit du besoin de donner de l'unité à un morceau, ira en se perfectionnant à mesure que l'harmonie s'épure. Il en naîtra bientôt l'imitation complète appelée *canon*, et, plus tard, la vraie fugue, c'est-à-dire le *syllogisme musical* qui sert de base à toute grande composition, et qui devient l'apanage spécial de l'esprit allemand.

TROISIÈME ÉPOQUE (Le XVᵉ siècle)

Le Flamand Ockeghem, né à Bavay vers 1425, et mort vers 1512, créa de nouvelles formes dans la composition musicale, et il doit être, pour cela, considéré comme un chef d'école. D'abord élève de la maîtrise d'Anvers, Ockeghem finit ses études musicales avec Binchois et illustra par ses œuvres le règne de trois rois : Charles VII, Louis XI et Charles VIII. D'après Tinctoris, Glareau et Gafori, il excella surtout dans la facture du canon (1), cet avant-coureur de la vraie fugue. On lui attribue particulièrement l'invention du canon *en écrevisse* (2), du *double et triple* canon (3), du canon *énigmatique* (4), enfin des canons *ouverts* et *fermés* (5). Les musiciens du XVᵉ siècle furent très-enthousiastes de ces artifices, qui découvraient un horizon nouveau à leurs recherches mathématiques. Aussi Ockeghem eut-il de son vivant une réputation colossale, et sa mort fut un deuil pour le monde musical.

(1) *Les Musiciens belges*, par Fétis, tome Iᵉʳ, page 74.
(2) Le canon *en écrevisse* ou *rétrograde* est celui qui peut s'exécuter de gauche à droite et de droite à gauche.
(3) Le *double* et le *triple* canon sont ceux qui reproduisent en même temps 2 ou 3 parties qui chantent ensemble.
(4) Le canon est dit *énigmatique* quand il se compose de quelques mesures sans indication. Souvent on n'y trouve pas de clefs, ou les clefs sont sans notes et suivies seulement de mots latins.
(5) Le canon est dit *fermé*, quand il est écrit sur une seule portée ; il est *ouvert*, quand il est écrit sur plusieurs portées.

Nous regrettons de ne pouvoir donner place ici au motet à trente-six voix qu'on attribue à Ockeghem (1), mais voici un fragment de sa messe, dite *Ad omnem tonum*, qui peut nous édifier sur son style. (V. planche 15.) En analysant ce court passage, on voit que, malgré les éloges de ses contemporains et élèves, son harmonie, tout en étant plus limpide et plus pure que celle de ses prédécesseurs, n'est encore qu'un froid calcul de sons. Du reste, jusqu'à la révolution opérée par Caccini, par Gabrieli, et surtout par Monteverde, les compositeurs ne cherchent nullement à peindre leurs sentiments par la musique, à exprimer le vrai sens des paroles, à émouvoir en quelque sorte par des chants appropriés à la situation morale des auditeurs. Oubliant le côté esthétique de la langue qu'ils parlent, ils en font un art qui s'arrête à l'oreille, sans pénétrer jusqu'au cœur. Si la mélodie existe dans les chansons des Trouvères, elle est méprisée par les contrepointistes, qui se contentent d'aligner des notes, suivant les règles sévères de la scolastique. Si l'harmonie et le rhythme progressent, la vraie mélodie, cette expression de la joie ou de la douleur, reste encore, au XVe siècle, ensevelie sous l'épais tissu des combinaisons harmoniques.

Josquin-des-Prés, dont les Italiens, les Français, les Allemands ont revendiqué la nationalité, et qui, finalement, a été reconnu Belge, fut peut-être le plus brillant élève d'Ockeghem. Né vers 1453, et tour à tour chantre de la chapelle pontificale de Sixte IV, musicien favori d'Hercule Ier d'Este, duc de Ferrare, premier chanteur à la cour de Louis XII ; enfin, d'après certains biographes, maître de chapelle de l'empereur Maximilien, Josquin-des-Prés laissa partout des preuves de son savoir et partout fut proclamé le plus grand musicien de l'école gallo-belge. L'abbé Baïni dit de lui : « Josquin-des-Prés est de

(1) D'après Burney, un organiste anglais, du nom de Bird, aurait écrit un motet à 40 parties, vers la fin du XVIe siècle.

son temps adulé de l'Europe : on ne goûte que Josquin ; aucun ouvrage n'est beau, s'il n'est de Josquin. On ne chante que du Josquin dans les chapelles existantes. Josquin seul en Italie, en France, en Allemagne, en Flandre, en Hongrie, en Bohême, en Espagne. Cependant ses chansons, ses motets et ses messes sont tout *un* pour lui, et la gravité du plain-chant ne trouve pas d'écho dans son cœur. » Néanmoins, il lui reconnaît beaucoup de moyens, beaucoup d'invention, et avoue qu'il aurait pu écrire des œuvres marquées au coin du génie, si, trop amoureux des applaudissements de la foule, il n'avait donné dans le travers de son siècle.

Ce jugement vient-il de ce que Josquin publia sa messe « *la, sol, fa, re, mi* » (1) ou de ce qu'il en écrivit une autre sur la chanson de l'*Homme armé*, qui était, à l'époque, comme un canevas de concours pour classer les grandes réputations ? Mais Palestrina aussi a fait sa messe de l'*Homme armé!* A cette critique du docte abbé nous préférons le jugement porté par Luther sur l'élève d'Ockeghem : « Josquin est maître en notes ; il leur fait dire ce qu'il veut, tandis que les autres compositeurs doivent faire ce qu'elles veulent. » Cet éloge est d'ailleurs corroboré par les lignes suivantes que nous trouvons dans la *Practica musica* d'Hermann Finck, publiée en 1556 : « Il y a de nos jours de nouveaux inventeurs, entre autres Gombert, disciple de Josquin-des-Prés, de pieuse mémoire, qui a montré aux musiciens les chemins et les sentiers qui mènent à la fugue et aux subtilités du contrepoint. » Pour formuler notre appréciation sur ce savant musicien, nous dirons qu'il a devancé son temps en faisant preuve de cet esprit universel que nous retrouvons à Venise beaucoup plus tard. S'il avait vécu au XVIe siècle, il aurait évidemment excellé dans le style bouffe ; ses chansons

---

(1) Parodie de *lascia fare mi*. Josquin fit, dit-on, cette messe pour se moquer d'un grand seigneur auquel il s'était recommandé et qui, à chacune de ses sollicitations, répondait toujours : « *Lascia fare mi.* »

badines et ses à-propos le prouvent assez. Au surplus, les lamentations que les élèves de Josquin et les musiciens de son temps ont écrites sur sa mort sont assez nombreuses pour ne laisser aucun doute sur sa valeur musicale.

Clément Jannequin, élève de Josquin, fut un des premiers qui firent de la musique imitative. Son chœur, la *Bataille de Marignan*, est encore regardé à présent comme un chef-d'œuvre du genre. Les chansons des soldats, le roulement du tambour et le bruit de la mousqueterie s'y trouvent imités d'une manière frappante ; les vers suivants :

> Phiffres soufflez, frappez tambours,
> Soufflez, jouez, frappez toujours...

par leur fréquent retour animent le morceau et lui donnent un entrain remarquable, jusqu'au chant final de victoire.

Un autre élève de Josquin, Jean Mouton, fut maître de musique à Paris, où il se fit un nom parmi les musiciens de son époque ; mais sa principale gloire est d'avoir enseigné le contrepoint à Willaërt, fondateur de l'école de Venise.

DEUXIÈME PARTIE

PREMIÈRE ÉPOQUE (Du XVIᵉ au XVIIIᵉ siècle)

I

ITALIE

L'Italie, on l'a vu, avait, depuis le commencement du XIVᵉ siècle, attiré chez elle plusieurs musiciens étrangers. Dès 1380, le Flamand Dufay était attaché, comme ténor, à la chapelle papale ; mais c'est au XVIᵉ siècle que cette nation devait réellement prendre une place importante dans le monde musical, grâce aux encouragements que les contrepointistes flamands y reçurent. A partir de cette époque, Venise, Rome et Naples forment trois écoles spéciales d'un caractère tranché.

§ 1ᵉʳ. — ÉCOLE VÉNITIENNE.

Le fondateur de l'école de Venise, Adrien Willaërt, fut mandé, en 1527, dans cette ville, pour y diriger la chapelle ducale de Saint-Marc. Comme tous les musiciens de ce temps-là, il recherchait plutôt l'ingéniosité de la forme que l'expression du sentiment, et il composait avec labeur un canon énigmatique ou une imitation plus ou moins compliquée ; mais le riant climat de Venise, l'éclat de ses fêtes, le bonheur d'y vivre, joint à la grâce et à l'élégance d'une langue harmo-

nieuse, toutes ces conditions d'une nouvelle existence, qui
s'offrirent au froid Flamand, ne tardèrent point à influer sensi-
blement sur son caractère et à modifier le souffle de ses inspirations. D'après Zarlino, savant musicien et théoricien du
XVI⁰ siècle, il fut le premier à faire usage de grandes masses
chorales, organisant des doubles et même des triples chœurs
qui se répondaient d'une extrémité de la basilique à l'autre.
L'effet de ces chœurs, coupés par des silences, *choro spezzato*,
selon l'expression de Zarlino, laissait déjà pressentir l'éclosion
de l'art dramatique qui doit tant à l'école vénitienne. Deux
orgues placées à Saint-Marc, pourvues de grands moyens
d'expression et munies de la pédale, invention de Bernardo
Murer, secondèrent largement les efforts de Willaërt pour
rendre dans ses chœurs le sentiment des paroles.

Zarlino, dans ses *Instituzione armoniche*, dit de lui :
« Dieu nous a fait la grâce de voir naître Adrien Willaërt,
véritablement un des plus habiles maîtres dans la pratique de
la musique. Comme Pythagore, il a approfondi tout ce qui la
concerne et, y décrivant quantité d'erreurs, il s'est attaché à la
perfectionner et à lui donner l'éclat dont elle brille actuellement.
Il a enfin établi des préceptes pour écrire toute sorte de musique
avec élégance et en a donné l'exemple dans ses propres œuvres.»
Ce jugement du célèbre théoricien prouve assez tout ce que la
musique doit à Willaërt.

Après lui, son élève Cyprien de Rore, également Flamand,
Zarlino, déjà cité, et Andrea Gabrieli, ses successeurs, agran-
dirent le cercle d'idées de leur chef d'école, en émaillant leurs
œuvres de notes chromatiques qui éloignèrent peu à peu la
musique religieuse du plain-chant, et en s'attachant de plus en
plus à donner aux chœurs cette variété et cet accent dramatique qui sera le fond naturel du style vénitien.

Élève et neveu d'Andrea Gabrieli, Jean Gabrieli fait faire
un grand pas à l'art musical. Né vers le milieu du XVI⁰ siècle,

et nommé successeur de Merulo, comme maître de chapelle de Saint-Marc, en 1584, Jean Gabrieli ne se contente plus, dans ses chœurs, de notes chromatiques pour peindre les nuances différentes du texte, il se plaît à opposer les uns aux autres plusieurs tons du plain-chant, en établissant entre eux des rapprochements pleins de grâce et d'élégance. Dans sa hardiesse, il va jusqu'à rejeter certaines règles de la forme en usage pour la fugue; il cherche, par des dessins nouveaux et piquants, à charmer l'oreille en même temps qu'à rendre le vrai sens des paroles (V. le *Jubilate Deo,* que nous donnons planche 16) ; enfin, par des contrastes, par des effets sagement ménagés, par des *soli* coupant les chœurs, il donne à ses compositions religieuses la couleur d'un *drame hiératique.*

Avant lui, l'orchestration était insignifiante, les auteurs s'étaient bornés à faire doubler les parties chorales par les instruments, et leurs compositions pouvaient indifféremment être jouées ou chantées (1). Mis en jeu par un esprit hardi et original comme celui de Jean Gabrieli, les instruments ne pouvaient se contenter d'un rôle ainsi réduit. Chacun d'eux, selon sa tendance, son étendue et son expression, vint s'associer à tel ou tel passage des chœurs et leur apporter un effet particulier. Les quatre grandes familles d'instruments — à cordes, à vent, à clavier et à percussion — furent dès lors utilisées judicieusement. En un mot, Jean Gabrieli laisse loin derrière lui les productions de ses prédécesseurs, même de son oncle Andrea. Si la mélodie vraie n'illumine pas encore ses œuvres, il a puissamment développé le rhythme par des contrastes frappants, par les dessins de son orchestration, et il a augmenté les ressources de l'harmonie par la recherche de la modulation.

Un de ses motets, *Surrexit Christus,* qu'on chantait le

---

(1) Gabrieli fit paraître à Venise, en 1554, une collection de ses œuvres ayant pour titre : *Fantasia, Pricercari, contrapuncti appropriati per cantare o sonare d'ogni sorti di strumenti.*

jour de Pâques, nous montre bien quelles ressources il savait déployer le cas échéant. Quatre trombones et deux cornets annoncent l'entrée d'un chœur à trois parties : *alto, ténor* et *basse*. A ces voix succède une symphonie instrumentale pour violons, cornets et trombones ; puis un *coryphée*, comme dans la tragédie antique, lance, sur une mélopée mesurée, ces paroles : *Et Dominus de cœlo intonuit*, qui sont suivies du chœur auquel se mêlent cette fois tous les instruments entendus auparavant. Cet *Alleluia* final est d'un rhythme ferme et d'une grande magnificence.

Si l'on compare ses productions avec celles de Palestrina, qui brillait alors à Rome, et avec celles d'Orlando di Lasso, qui faisait les délices de la cour de Bavière, il faut avouer qu'il n'a pas l'onction sainte du premier, mais qu'il l'emporte sur le second par la richesse, la variété et la puissance de l'harmonie. Entre ces deux rivaux, Gabrieli tient la même place que Venise artistique entre Rome et Munich. Et rien n'est plus facile à expliquer, si l'on tient compte de l'influence du milieu où se développait l'action de chacun de ces hommes de génie.

Gabrieli fit plusieurs élèves, entre autres Léon Hassler et Henri Schütz, qui portèrent en Allemagne la science, l'expression et le coloris de leur maître. Mais voici venir des profondeurs de l'Adriatique un astre de première grandeur, qui, pendant plus d'un demi-siècle, répandra sur l'art musical un éclat inconnu. Nous voulons parler de Monteverde.

Malgré les efforts tentés par les musiciens jusque-là, et bien que pourvue de modulations par le croisement des modes, l'harmonie était encore impuissante à rendre les accessoires d'époque, de lieu, de lumière et d'ombre, qui doivent accompagner toute mélodie, pour en fixer le caractère. Cette impuissance venait du peu de stabilité de l'échelle musicale, c'est-à-dire de l'absence de notes fixes, nécessaires à la régularité d'enchaînement qu'exigent les lois de l'harmonie. En effet, manquant de la sensible, qui porte en elle l'appétence d'octave, ayant, d'un autre côté, des dominantes et des finales variables, les modes du plain-chant étaient si capricieux, si mobiles, qu'on ne pouvait y admettre pour s'exprimer que l'accord parfait, son premier renversement, et des dissonnances, amenées par la prolongation d'une consonnance et résolues sur une autre. Quelques hardis novateurs avaient essayé, il est vrai, d'un intervalle considéré comme antipathique à la tonalité du chant grégorien et qu'on appelait, pour cette raison, *diabolus in musica* ; c'était la quarte augmentée, qui se trouve de *fa à si*. Monteverde, tranchant sur le passé, osa attaquer avec persistance cet intervalle, et le fit entrer dans l'accord de dominante. Il ouvrit ainsi aux générations futures, sans s'en douter peut-être, une voie nouvelle et fonda la tonalité moderne.

Ce fameux accord apparaît pour la première fois dans son madrigal à cinq voix, *Cruda Amarillis*. A l'instant, tous les vieux puristes de se soulever et de protester ; mais Monteverde, se souciant peu des arguments qu'on lui oppose, persiste dans son système, marche en avant et laisse partout l'empreinte de son génie.

En faisant représenter au palais Mocenigo son épisode de la *Jérusalem délivrée*, il met sous les yeux de l'aristocratie vénitienne une œuvre qui, par le rhythme, l'instrumentation et la richesse des modulations, étonne les meilleurs musiciens et annonce l'avènement d'un art nouveau. Dans cet opéra, le rhythme s'appuie sur celui de la danse ; aussi pouvons-nous dire, avec Fétis, que Monteverde est le créateur du rhythme régulier. C'est lui qui jeta aussi les premières bases de l'*ouverture*, en faisant commencer son *Orfeo* par une sorte de *toccata*, genre que Lulli développera plus tard en France. Nous donnons de cet opéra (V. planche 17) un *duo* bien propre à démontrer les progrès du rhythme et de l'harmonie chez Monteverde.

Auparavant, les œuvres d'art en musique étaient à peu près toutes coulées dans le même moule, et le tempérament particulier à chaque pays ne se révélait guère que dans les chansons populaires et celles des chanteurs ambulants. L'accord de septième dominante apparaît, entraînant à sa suite celui de neuvième et de septième diminuée ; aussitôt ces accords créent la modulation sur l'échelle la plus vaste ; et, comme la modulation est à la musique ce que le coloris est à la peinture, chaque peuple aura désormais à sa disposition les moyens nécessaires pour exprimer les nuances propres de son caractère national.

Dans la voie ouverte par Monteverde, s'élancent une foule de musiciens, dont les principaux sont : Baldassar, Donati, Jean Croce, François, Cavalli, qui vint en France au commencement du règne de Louis XIV, Cesti, Caldara, Legrenzi, Gasparini, Antonio Biffi, Lotti, Marcello, Galuppi, Bertoni et Furlanetto, qui écrivent dans tous les genres (1). Jean Croce et Cavalli réussirent surtout dans le style bouffe. Du reste, l'opéra bouffe pouvait-il trouver une scène plus appropriée à son développement que cette ville de Venise, où l'amour de la vie et du mouvement, la passion des intrigues galantes, stimulée par les carnavals et les fêtes, s'épanouissait au grand jour ! Lotti et Marcello sont restés surtout célèbres par leurs œuvres religieuses. Qui ne connaît les motets de Lotti où la science de l'harmonie s'allie à un sentiment mélodique des plus profonds ? Qui n'a entendu quelques-uns de ces beaux psaumes où Marcello, s'inspirant des vieux chants hébraïques et de certaines formules grecques, a réuni des mélodies suaves, fécondées par un rhythme d'une grande puissance d'expression ? Les plus remarquables, sous ce rapport, sont : le 2ᵉ, le 8ᵉ, le 10ᵉ et aussi le 16ᵉ,

---

(1) La musique sacrée se ressent des hardiesses nouvelles, et l'immixtion de la dissonance dans le style religieux, se développant de plus en plus, finira par y introduire l'accent dramatique.

qui repose sur la donnée d'un chant grec de Dionysius : l'*Hymne au Soleil.*

Lotti, Marcello et Galuppi sont les trois grands compositeurs vénitiens du XVIIIe siècle. Burney, qui connut Galuppi à Venise, en 1770, lui attribue ces paroles : « La vraie musique consiste dans la beauté, la clarté et la bonne modulation. » Ce qui est certain, c'est que Galuppi, malgré la tendance de son entourage vers le genre bouffe, composa plusieurs oratorios fort estimés de son temps, savoir : *Maria Madalena,* à six voix ; *Daniel dans la fosse aux lions,* qui fut exécuté en 1773 ; *Tres pueri Hebrahi in captivitate Babylonis*, représenté en 1774. On dit que ce chœur des trois Hébreux enleva la salle à la première représentation.

L'école de Venise, en somme, a puissamment contribué au perfectionnement de l'art musical, en développant le rhythme, l'harmonie et la mélodie savante. On lui doit particulièrement la création de la tonalité moderne, c'est-à-dire l'application de la dissonance naturelle produisant, par l'unité d'octave, l'unité de tonalité. Le coloris, c'est-à-dire la richesse de modulation qui donne à une œuvre l'intérêt, la vie et l'éclat, jaillit avec Monteverde dans toutes les productions. Cette précieuse qualité semble inhérente au génie vénitien ; et ce que nous admirons ici en musique n'est pas moins remarquable en peinture, car la richesse des couleurs est également la qualité dominante des grands peintres auxquels la république vénitienne s'honore d'avoir donné le jour.

Notons aussi l'espèce d'attraction mutuelle qui s'exerce parallèlement entre Venise et la Belgique. Willaërt quitte son pays et s'en va apprendre aux Vénitiens les secrets de son art ; ses disciples deviennent bientôt si célèbres et poussent si loin les limites du domaine musical, qu'ils étonnent le monde entier, et vont à leur tour enseigner les peuples du nord. De même, Bruges voit naître Van Eyck, l'inventeur de la peinture à l'huile, et c'est à Venise que cet art nouveau prend tout son essor, avec le Giorgione, le Titien, le Tintoretto et Paul Véronèse, dont les œuvres inspirent ensuite le génie de Rubens. Cette fécondation réciproque de deux peuples, qui paraissent si différents à première vue, méritait d'être signalée.

Il nous resterait à parler de ce génie prodigieux qui depuis un demi-siècle fait l'étonnement du monde, je veux dire Rossini. Le style de ce maëstro se rattache naturellement à l'école de Venise, puisque c'est dans cette ville qu'il a écrit son premier et son dernier opéra italien, *Tancredi* et *Semiramide;* mais il sera question de lui au chapitre des contemporains.

§ 2. — ÉCOLE ROMAINE.

L'école romaine a été fondée par le Français Goudimel, qui apporta dans la ville éternelle, sinon le génie musical, du moins le talent nécessaire pour faire de bons élèves. Il donna des leçons à Palestrina, ce créateur de la prière chantée.

La musique de Palestrina a un caractère tout différent de celle des Vénitiens. Gabrieli, son contemporain, se distingue, nous l'avons vu, par la recherche du mouvement et de la modulation à l'aide de notes chromatiques. Palestrina n'admet aucun accident de modulation et conserve religieusement les intervalles propres au caractère du plain-chant. Où il devient novateur, c'est quand il réfute les artifices scolastiques, quand il repousse les formes abstraites de la fugue, quand il donne enfin à sa pensée un cadre spécial qui lui permet de prier à l'aise, selon ses sentiments; chez lui, le chant et la prière remplacent l'argumentation adoptée par les contrepointistes d'alors. Ce n'est pas que sa musique soit essentiellement mélodique, non! La mélodie vraie, celle qui peut se passer des accessoires de l'harmonie pour avoir un sens, pour être la manifestation d'une pensée, cette mélodie-là n'existe pas à proprement parler dans ses œuvres. Mais quel charme candide dans sa plainte religieuse, monologue ou conversation! Quelle intéressante et douce émotion dans son *Stabat* à deux chœurs, dans l'*Impropria vinea mea* et le *Sanctus* de la messe dédiée au pape Marcel! Palestrina s'est essayé aussi dans le genre séculier, en écrivant des madrigaux; mais ses compositions galantes ont la même teinte que sa musique d'église; on peut s'en assurer par une lecture attentive de son *Alla riva del Tibro*.

Si l'harmonie est claire, savante et d'une correction inattaquable dans les œuvres de Palestrina, si les formes et le cadre ont gagné avec lui en élasticité et en étendue, la mélodie et le rhythme ne doivent presque rien à ce pieux génie. A sa mort (1594), la révolution musicale opérée par Monteverde n'était point encore pressentie, et le milieu dans lequel il vivait n'était pas de nature à la faire naître. La musique de Palestrina reste comme une belle prière de l'enfant qui ignore les expressions propres à spécifier ses désirs et à définir les chastes émotions de son cœur; elle peint tout à peu près sur le même plan et ne rend que le sens général des paroles, sans réussir à individualiser l'accent de la passion.

A côté de Palestrina, il convient de placer le nom de Roland de Lattre, qui à la même époque ne fut pas sans éclat. Roland de Lattre naquit à Mons (1520-1594); il étudia la composition à Naples, fut maître de chapelle à Saint-Jean-de-Latran, à Rome, parcourut ensuite l'Angleterre et la France, et fut enfin mandé à Munich par Albert de Bavière. Baïni, dans ses Mémoires, se montre trop engoué peut-être des œuvres de Palestrina, qu'il appelle constamment le *prince des musiciens;* par contre il juge trop sévèrement Roland de Lattre, en disant que Flamand de naissance, Flamand de style, incapable de produire de belles mélodies, sans âme et sans feu, il a usurpé avec quelques messes et quelques motets cet éloge exagéré: « *Lassum qui recreat orbem.* » Le docte critique n'ignore pas pourtant que

Roland a composé près de 2,400 pièces de musique ; qu'il a été aussi appelé de son vivant *le prince des musiciens;* que l'empereur Maximilien l'anoblit ; que le pape Grégoire XII le fit chevalier de l'Éperon d'or, que Charles IX le décora de la croix de Malte et que le duc Albert écrivit son panégyrique. Voilà certes qui suffirait à attester le mérite de ce grand musicien, s'il ne nous restait rien de ses œuvres pour juger de la vérité.

Esprit malléable, Roland a traité tous les genres ; il écrivait une chanson aussi facilement que ces magnifiques Psaumes de la pénitence, qui produisaient sur l'âme de Charles IX l'effet de la harpe de David sur le cœur de Saül. Palestrina sut choisir peut-être mieux que lui les sujets qui conviennent à la musique d'église ; mais, comme souplesse de pensée, il lui est inférieur. Nous avons vu, du reste, que Palestrina n'a pas de style spécial pour le genre séculier. Dans ce genre, au contraire, Roland de Lattre a beaucoup d'invention, et son chant est déjà une mélodie qui ne manque ni de charme, ni de spontanéité.

Ces deux grandes figures, Palestrina et Roland de Lattre, qui disparurent du monde presque en même temps, sont les deux plus beaux génies enfantés par la Renaissance au XVIe siècle. Ils résument tous les progrès que la musique avait pu accomplir avant la révolution opérée par Monteverde. On ne trouve pas encore chez eux, redisons-le, la mélodie complète ; le rhythme y est encore d'une uniformité un peu banale ; mais l'harmonie, chez Palestrina surtout, est de la plus grande pureté et peut servir de modèle de contrepoint.

Laissons les disciples de l'école romaine, les Nanini, les Felice Amerio, les Testi, les Stradella, les Benevoli féconder le sillon creusé par leur chef de file (1), et cherchons à voir com-

---

(1) Stradella a laissé un *air d'église* qui prouve que de son temps la mélodie sacrée était arrivée à un haut degré de perfection. Benevoli, maître de chapelle du Vatican, subit l'influence de l'école vénitienne : il écrivit des messes à 6 et même à 12 chœurs. Sa réputation, comme compositeur, fut immense.

ment la musique se transforme à Rome en art dramatique. Le madrigal était sorti de l'école de Venise et avait inspiré de Rore. Ce genre de composition, ne relevant que de lui-même, c'est-à-dire n'empruntant pas son thème à un chant grégorien ni à un refrain populaire, et son harmonie, bien que traitée en contre-point, ne pouvant admettre la forme canonique, vu la nécessité d'exprimer par un motif particulier chaque idée spéciale du texte, ce genre de composition, disons-nous, doit être considéré comme le point de départ d'un art vraiment séculier.

En 1555, un certain Nicolo donna une grande impulsion au madrigal, en publiant un ouvrage où il exposait la nécessité de revenir au genre chromatique des anciens pour vivifier la musique moderne ; à partir de là, les madrigalistes devinrent plus hardis à s'éloigner des tons du plain-chant. Les plus célèbres furent Gesualdo, prince de Venosa, qui osa, comme Monteverde, attaquer sans préparation l'accord de septième dominante, et Luca Marenzio, chantre de la chapelle pontificale, surnommé de son temps : *Il cigno più soave dell' Italia*. Nous citons, planche 18, un fragment d'un madrigal de Marenzio. On y constate avec satisfaction que la forme canonique s'est singulièrement épurée et simplifiée. Le premier motif, sans être une vraie mélodie, est chantant. A la 15e mesure, le ténor reprend d'une manière fort naturelle, sur la dominante du ton, la phrase émise par l'alto à la 3e mesure, et il répète, dans le ton premier, le motif légèrement modifié que le soprano a présenté après les deux mesures de l'introduction. Il y a de la grâce, de l'unité, de la souplesse et de la science dans ce chant à quatre parties.

Des chœurs de cette valeur, mis au service des passions galantes, ne tardèrent pas à ouvrir les yeux aux compositeurs, en général, et à leur faire entrevoir que la musique n'avait pas seulement été créée pour louer Dieu, mais qu'elle pouvait bien s'adapter à des vues profanes, à des scènes entières et fortifier l'expression des sentiments humains les plus variés. Dès lors le madrigal fut transporté sur le théâtre et appliqué à toute sorte de représentations plus ou moins mythologiques.

A cette innovation il faut en joindre une autre fort importante, c'est le retour à l'ancienne mélopée grecque. Certains savants, entre autres Argyropoulos et Chalcondylos, chassés de Constantinople et réfugiés en Italie, venaient d'en implanter l'idée dans leur patrie adoptive. Un beau jour, le noble Romain Emilio de Cavalieri, qui s'était établi à Florence, essaya de l'appliquer dans deux pastorales qu'il fit représenter, *Il Satiro* et la *Disperazione di Fileno*, vers 1590. L'auteur nous apprend, dans une de ses préfaces, que la signora Archilei, grande cantatrice, versa des larmes en chantant la *Disperazione*. L'effet dramatique était-il donc déjà si puissant à cette époque! On en pourra juger d'après le morceau tiré de cette œuvre, que nous donnons planche 19, et qui fut exécuté par l'artiste féminin.

Evidemment, une semblable composition ne mérite pas le nom d'opéra; car la mélodie tragique n'y existe pas encore dans toute sa force; mais, si Emilio n'est point le père de l'opéra, il créa certainement l'*oratorio*, en faisant représenter à Rome, en 1600, son *Azione sacra*, œuvre où des chœurs se trouvent mêlés au récitatif nouveau (1). La musique de ce compositeur est exempte de fugues et d'imitations, c'est du pur contrepoint, accompagné généralement d'une lyre double, d'un clavecin, d'une guitare et de deux flûtes (2). On peut dire que, dès son apparition, l'oratorio simplifie l'harmonie et dilate le rôle du rhythme par le récitatif.

C'est un contemporain d'Emilio, Giulio Caccini, compositeur et chanteur, qui eut la gloire de créer la mélodie en faisant imprimer, en 1601, un recueil de mélodies à une seule voix.

(1) L'idée première de l'*oratorio* est de Philippe de Néri, ami et contemporain de Palestrina.

(2) V. Burney, *Histoire générale de la musique*.

Ces compositions, que Caccini appelait *nuove musiche*, portaient un accompagnement de *chitarone*, et l'auteur les chantait lui-même avec un immense succès. (V. un de ces chants, planche 20.)

Encouragé par ses amis, ce novateur se décida à écrire pour la scène, et fit représenter, à Florence, une *Eurydice*, qui fut pour lui un triomphe. Un de ses contemporains, un certain Peri, écrivit aussitôt un opéra sur le même sujet. Il nous a paru intéressant de mettre en parallèle un fragment de chacune des œuvres de ces deux auteurs. (V. planche 21.) En regardant de près, on trouve dans ces deux fragments une identité frappante de style. Il serait même difficile de donner la préférence à l'un d'eux sous le rapport mélodique. Ce qui seulement semble marquer la supériorité de Caccini sur Peri, c'est qu'il observe peut-être plus rigoureusement les règles de l'accentuation syllabique. Caccini est donc, en définitive, le fondateur de la monodie et du style mélodique, aussi bien que de l'opéra ; son *Eurydice* renferme le *récitatif* à la façon d'Emilio, des *chœurs,* des *soli*, en un mot, tous les éléments dramatiques que nous utilisons aujourd'hui.

§ 3. — ÉCOLE NAPOLITAINE.

Nous avons dit qu'un certain Marchetto de Padoue, contemporain de Jean de Muris, contribua beaucoup à l'épuration de l'harmonie, au commencement du XIVe siècle (1). Comme il passa la plus grande partie de sa vie à Naples, sous le règne de Robert d'Anjou, il peut se rattacher à l'histoire musicale de

(1) Dans son *Pomœrium in arte musicæ,* Marchetto blâme la succession de deux dissonnances; il prouve, par des exemples, la nécessité de faire monter les sons haussés et de faire descendre les sons baissés ; il emploie la 7e, la 4e augmentée et la 2e mineure, chose inconnue avant lui. Il considère cependant la 3e et la 6e comme des dissonnances qui doivent se résoudre sur des consonnances, bien qu'elles soient moins dures que ces dernières.

ce pays ; mais le véritable fondateur de l'école napolitaine est
le Flamand Tinctoris, né à Nivelles, vers 1435.

Tinctoris fut appelé à Naples, en 1460, par Ferdinand d'Ara-
gon, qui lui conféra le titre de maître de chapelle. Il fut à la
fois compositeur et théoricien, et il n'y a peùt-être pas une
branche de la musique connue de son temps sur laquelle il
n'ait écrit un traité spécial (1). Les manuscrits de Tinctoris
sont néanmoins très-rares ; il n'en existe que deux : l'un est à
la bibliothèque de l'Université de Gand, l'autre fait partie de
la collection laissée par Fétis. Le mérite de Tinctoris est reconnu
par tous les musicographes ; on le regarde surtout comme un
grand grammairien musical. Un de ses contemporains, Gafori,
a joui aussi d'une certaine célébrité ; il est cependant assez inférieur à Tinctoris.

Après le chef de l'école, un des plus illustres fut Scarlatti.
Ses compositions sont innombrables, et leur valeur n'est pas
moins importante que leur nombre. Nous ne dirons rien de
ses messes, qui sont des œuvres composées dans le genre
Palestrina, et qui n'accusent presque aucun progrès sur le
passé. Mais, dans l'opéra, il développa le récitatif et s'efforça
de l'accompagner d'une harmonie capable de peindre la vérité.
C'est dans ce but qu'il supprima l'accompagnement conven-
tionnel du clavecin et le remplaça par celui d'instruments plus
aptes à exprimer le vrai sens des paroles. Son instrumentation,
qui est riche, cherche à se dégager du chant ; ses airs proprement dits prennent de l'étendue, formés qu'ils sont habituel-
lement de deux parties avec *da capo*, ce qui les rend, en général, fort remarquables sous le double rapport du rhythme et de
l'idée mélodique. Les ouvertures de Lulli étaient encore seules
à la mode ; Scarlatti en créa d'autres qu'il composait de deux
motifs, au mouvement *allegro*, et qu'il séparait par un *andante*,
de façon à donner de l'intérêt et de la nouveauté au rhythme.

(1) V. Fétis, *Les Musiciens belges*, t. 1er, p. 83.

L'époque où Lulli règne en France et Scarlatti en Italie est le point de départ d'une séparation tranchée dans la musique de ces deux nations. Lulli, imbu du goût français, brille par la clarté et la vérité, mais sa déclamation syllabique est inférieure au récitatif noble et distingué de Scarlatti ; de plus, ses airs nous rappellent un peu les couplets de vaudeville, tandis que ceux du Napolitain renferment des idées d'un sentiment élevé.

Parmi les nombreux élèves de Scarlatti, nous ne pouvons passer sous silence Léo et Durante, compositeurs et théoriciens émérites, non plus que Porpora qui fut le maître des premiers sopranistes du monde et qui a enrichi le répertoire des chanteurs de morceaux admirables sous le rapport mélodique. A leur suite, paraît Pergolèse (1710-1736), qui jeta sur son pays un éclat tout particulier. Il écrivit, comme ses prédécesseurs, aussi bien pour l'église que pour le théâtre. Sa *Serva padrona*, chef-d'œuvre dans le genre bouffe, après avoir été représentée avec un immense succès à San Bartolomeo, en 1731, amena à Paris, le 2 août 1752, un revirement complet contre la musique française, soutenue par Lulli et par Rameau. Quant à son fameux *Stabat*, qui suffirait à consacrer une réputation, nous en reparlerons plus loin. «Les œuvres de Scarlatti et de Pergolèse, dit Kiesewetter, établirent les règles véritables de la rhétorique musicale, en changeant la forme du grand air. Avant eux, la phrase était de courte haleine, et donnait lieu à des cadences si fréquentes, que l'air ne pouvait acquérir les développements voulus pour exprimer l'unité de sentiment qu'il était appelé à peindre. » Ces deux maîtres doivent donc être regardés comme les plus grands compositeurs de l'école nouvelle créée par Monteverde, et considérés comme les précurseurs de Glück.

II

ALLEMAGNE

L'invention de l'imprimerie (1450), la prise de Constantinople par les Turcs (1453), la découverte de l'Amérique (1492)
et la réforme de Luther (1517) avaient ouvert à l'esprit humain des horizons nouveaux. Le dernier de ces grands événe-
ments surtout eut une influence considérable sur le caractère
allemand, car c'est par la musique que Luther fonda en partie
sa doctrine, en créant le *choral* du protestantisme, comme Palestrina avait fixé la prière du catholicisme par ses messes et
ses motets.

La musique nationale allemande doit tant à Luther que
l'historien Michelet ose écrire : « Ceux qui tant de siècles ont
désespéré l'âme humaine la laissaient inguérissable, inconso-
lable jusqu'au premier chant de Luther. C'est lui qui com-
mença, et alors toute la terre chanta ; tous, protestants et catholi-
ques. Ce ne fut pas le morne chant du moyen-âge, qu'un grand
troupeau humain, sous le bâton du chantre officiel, répétait
éternellement dans un prétendu unisson ; ce fut un chant vrai,
libre, pur, un chant du fond du cœur, le chant de ceux qui
pleurent et qui sont consolés, la joie divine parmi les larmes
de la terre, un aperçu du ciel ! »

Luther sentant, en effet, la nécessité de faire chanter le peuple pour l'attacher aux idées fondamentales de ses nouveaux
dogmes, composa lui-même un certain nombre de psaumes,
mélodie et paroles, et encouragea tous ceux qu'il croyait aptes
à l'imiter. Il s'assura surtout le concours de deux musiciens de
la cour de l'électeur de Saxe, Rumpf et Walter. Malgré ces
soins, les recueils de chorals de Luther n'auraient pu paraître
assez tôt, s'il avait fallu tout demander aux musiciens du jour ;

aussi Winterfeld nous apprend-il que Luther puisa à pleines mains dans les hymnes de la liturgie catholique, dans les anciens chants religieux allemands nommés *Marienlieder*, dans les chants des frères Moraves et aussi dans les chansons populaires. Rumpf et Walter étaient chargés d'harmoniser toutes les mélodies choisies, et, après qu'on les avait essayées en petit comité, elles étaient livrées à la publicité. (V. un de ces chorals, planche 22).

Les chorals, appris par l'enfant à l'école, chantés au foyer domestique, entonnés sur les champs de bataille, durent nécessairement s'emparer de l'attention publique, et, comme ils ne pouvaient être accompagnés que par l'orgue, le style de cet instrument devint tout d'abord le fond de l'esprit germanique en musique, et imprima à toute composition le sceau du génie national. Peu après, le choral se réduisit à une seule partie, vu la difficulté de chanter à plusieurs voix ; alors, l'organiste fut poussé à en broder l'accompagnement et à déployer de plus en plus tous les artifices du contrepoint, entre autres l'imitation qui en est la pierre fondamentale.

C'est surtout le nord de l'Allemagne qui conserva fidèlement les traditions de Luther : le foyer principal était Hambourg. Là, des organistes célèbres, Schulz (dit Proctorius) et Scheideman, augmentèrent le nombre des chorals et développèrent encore, grâce à leur instrument, les combinaisons harmoniques. L'idée du choral était tellement implantée chez les Allemands du Nord, qu'ils ne souffraient pas qu'un compositeur du crû osât écrire dans un autre style, et les efforts tentés par Schütz, élève de Gabrieli, pour inaugurer chez lui le style de son maître, ne trouvèrent d'écho que dans l'Allemagne du Sud, qui avait quelques théâtres entretenus par des troupes italiennes.

Nous avons dit que l'imitation est la pierre fondamentale du contrepoint, car c'est en elle qu'un discours musical puise l'*unité de fond* et la *reproduction* de dessins qui donnent un commencement, un milieu et une fin à chaque morceau. Cette manière d'argumenter s'appelle plus spécialement *fugue*. La fugue est en musique ce que le raisonnement complet est à l'esprit humain ; c'est le syllogisme, avec sa majeure qu'on nomme sujet, sa mineure ou réponse du sujet, et la conclusion où les idées précédemment entendues sont rappelées dans une vigoureuse *stretta*. Les contrepointistes, en créant la fugue, ont donc appliqué au discours musical les lois du raisonnement, comme Aristote l'a fait en philosophie en signalant les lois du syllogisme qui existaient d'une manière latente au fond de la raison.

La fugue étant le modèle de la logique musicale, il n'est pas étonnant que l'esprit allemand, naturellement porté à toutes les questions qui touchent de près ou de loin à la métaphysique ou à la psychologie, se soit adonné à cette forme musicale et l'ait poussée aux dernières limites de la perfection humaine. Mais si la fugue est un moule à argumentation, elle ne peut être une source féconde de mélodie pure, cette essence de la vraie poésie. En effet, le motif principal ou sujet ne pouvant dépasser huit mesures, et toutes les périodes qui le suivent devant être tirées de son sein ou des contre-sujets présentés dans l'exposition, il est bien difficile, avec de si maigres matériaux, de construire un édifice qui unisse la grâce à la pureté des lignes. Il n'est donc pas étonnant de voir l'Italie, dont l'esprit est naturellement porté vers tout ce qui charme les sens, abandonner à l'Allemagne le monopole de la fugue et se complaire dans les émotions sensuelles que lui procure l'opéra.

Ce n'est pas à dire pour cela que la patrie de Palestrina n'ait eu, après lui, des musiciens presque exclusivement classiques ; le milieu dans lequel vivaient les organistes et les maîtres de chapelle de Rome ne leur permettait guère le style libre ; mais, l'opéra prenant chaque jour des proportions de plus en plus

accusées, des attraits de plus en plus séduisants, l'ère de la
scolastique se ferma insensiblement dans le pays qui cherchait
par la musique à augmenter les charmes de la vie (1). L'Allemagne se réserva encore d'admirer la fugue, ce beau squelette
de l'art, mais l'Italie voulut le voir recouvert des chairs délicates
de la mélodie. Pour elle, la charpente de l'édifice humain perd
de plus en plus son importance ; ce qu'elle veut, c'est le charme
extérieur qui agite son âme d'une douce émotion, sans demander aucun effort à l'esprit. Il lui faut, au théâtre, le madrigal et
l'arioso pour caresser ses oreilles ; dans ses monuments, les
vierges de Raphaël pour ravir son regard ; à l'église, des ma-
dones dorées et habillées, qui semblent d'autant plus inclinées
à écouter sa prière et à accomplir ses désirs qu'elles sont plus
richement vêtues.

La musique sévère disparaît à Rome avec Allegri (1580-1662)
et Frescobaldi (1587-1654), le premier, maître de chapelle, et
le second, organiste de Saint-Pierre. L'Italie doit à ce dernier
de grands perfectionnements dans la fugue : il y introduisit la
réforme tonale de Monteverde, et avec elle le coloris musical
de la modulation. Sa réputation parvint jusqu'au nord de
l'Allemagne, d'où plusieurs musiciens se détachèrent pour
aller étudier sous sa direction. Cette réputation était méritée,
car les fugues de Frescobaldi sont remarquables, et plusieurs
d'entre elles, notamment celle en *fa*, pourraient être signées de
Sébastien Bach.

(1) Un musicien qu'on peut rattacher à l'école romaine, à cause du
long séjour qu'il fit dans la ville éternelle, *Carissimi*, contribua beaucoup
à l'extinction du style *alla capella*. Dans ses cantates, genre d'épisode
dramatique dont il est l'inventeur, il s'applique à rejeter les combinaisons trop savantes des compositeurs religieux, sans tomber cependant
dans les banalités de certains faiseurs d'opéras. Il mouvementa le récit
et développa l'*arioso*, en le rapprochant de l'*air*, qui devait éclater bientôt dans toute sa pureté. Son orchestre d'accompagnement se composait
surtout d'instruments à cordes, auquel il laissait un rôle significatif, surtout dans les ritournelles et les *conduits* qui reliaient les différentes périodes du chant.

Nous venons de prononcer un nom qui s'attache à des œuvres impérissables, car aujourd'hui même, au milieu du désordre d'idées de l'école moderne, de l'effondrement des réputations qu'on croyait les mieux assises, la grande figure de Bach s'élève plus majestueuse et plus rayonnante que jamais. Elle illumine de ses regards pénétrants le fond de l'âme du musicien qui veut donner à ses productions une base solide, et non construire sur le terrain mobile que le souffle de la mode emporte si facilement. La mélodie, le rhythme et l'harmonie, ces deux derniers éléments surtout, sont portés au plus haut degré dans les œuvres de ce grand génie.

Travaillant sans relâche et cultivant tous les genres : motets, messes, oratorios, gigues, gavottes, courantes, etc., etc., et écrivant dans ce style serré que l'école gallo-belge avait importé en Allemagne, Bach avait acquis, vers l'âge mûr, une telle habileté dans l'art du contrepoint, qu'il entrevoyait immédiatement tous les développements à tirer d'un motif.

Quelques écrivains ont osé lui nier l'idée mélodique, esprits aveugles trop attachés au charme de l'oreille, qui n'ont pas vu que pour lui la mélodie est une reine ornée des plus beaux atours, recouverte des plus riches ornements, entourée d'un brillant cortège, au milieu duquel il faut savoir la distinguer, la reconnaître ! En effet, la mélodie abonde et déborde dans tous ses ouvrages ; c'est à elle qu'il doit cette liaison des parties, cette coordination de longues périodes, cet esprit de suite, cette limpidité qui ferait croire que sa plume court tout d'un trait sur des pages entières.

Le souffle puissant qui anime ses œuvres est tellement saisissant que nous avons vu des personnes peu musiciennes, mais d'un esprit cultivé, reconnaître un grand maître en entendant un *Andante* de Bach ou une de ses fugues bien exécutée.

C'est surtout dans ses pièces d'orgue que Bach fait éclater son génie. Il laisse loin derrière lui les productions de Frohberger, des Kerl, Pachelbel, Fischer, Strunck, Bùxtehùde, Reinken, Brùhn, Boëkm, etc., etc. Pour lui, toute composition musicale est une conversation dans laquelle chaque partie a un rôle équivalent.

Cet idéal qu'il se fit de l'art le porta à châtier son harmonie au point d'en tirer tous les moyens d'expression possibles. Il s'est permis cependant certaines licences, qui ont donné prise à bien des critiques (1). Il attaque, par exemple, des dissonnances sans préparation, dans les mouvements rapides. Il use aussi des octaves et des quintes, et assez capricieusement, en apparence ; ainsi, il ne peut supporter, ici, une quinte ou une octave déguisée ; là, il l'accueille ouvertement, si elle doit favoriser une marche neuve des parties. (2) Mais, toutes les fois qu'il s'abstient de licences volontaires, son contrepoint est tellement coulant et si clair, qu'on pourrait en renverser toutes les parties sans que la pureté de l'harmonie ou de la mélodie en souffrît. C'est dire jusqu'à quel point de perfection l'art d'écrire est arrivé entre les mains de ce maître, et quelles formes multiples le rhythme a revêtues sous sa plume féconde.

Génie immortel, tu es bien digne de toute notre admiration, puisque Mozart t'a accordé la sienne ! Si tu n'as pas, comme lui, ce charme particulier qu'il doit à son tempérament latino-germain, c'est que, fier du pays qui t'a vu naître, tu es demeuré fidèle à ta nation ; c'est que tu as travaillé dans l'ombre et le silence, loin du monde élégant des théâtres, faisant de l'art pour l'art, sans jamais spéculer sur ton talent, cultivant le terrain fécond du choral, cherchant enfin, dans le sein de la Providence, l'inspiration ardente qui devait soutenir ton génie et te donner aussi le courage d'élever une famille de vingt enfants.

Pour lever tout doute possible sur l'existence de l'idée mélo-

(1) Cherubini ose l'appeler *Barbaro tedesco.*
(2) V. sa fugue en *mi majeur* (1re partie de son clavecin) entre les 5e et 4e mesures qui précèdent la fin.

dique dans l'œuvre de Bach, nous dirons qu'il porta si loin la perfection de la mélodie savante, que, dans six *soli* pour le violon et dans six autres pour le violoncelle, il sut trouver des motifs qui peuvent se passer de tout accompagnement, c'est-à-dire qui renferment à eux seuls toute l'harmonie nécessaire à leur complète intelligence et ne réclament aucunement le secours d'une autre partie concertante pour être caractérisés. Ce sont surtout ces œuvrès-là qui seront toujours jeunes, parce qu'elles ne s'inspirent pas de la mode et qu'elles puisent dans l'art même des ressources suffisantes pour vivre éternellement.

Un des principes de vitalité des œuvres de Bach, c'est l'emploi de toute espèce de mètres et de mesures propres à en varier autant que possible le caractère. Ainsi le rhythme de ses *suites* (la suite remplaçait alors la sonate) surpasse tout ce qu'on avait entendu avant lui. Ses fugues elles-mêmes ont un rhythme frappant et bien soutenu d'un bout à l'autre, quoique Bach change souvent le dessin des développements tirés de l'idée-mère. Si l'on veut se rendre compte de sa science et de son habileté à exploiter une idée, il faut lire surtout sa fantaisie *chromatique* et sa *fugue-morceau*, où l'on rencontre tout ce qui peut s'inventer de plus difficile à réaliser en ce genre.

Une innovation de Bach, qui est à enregistrer, c'est l'application qu'il fit de l'harmonie divisée, dans l'accompagnement du plain-chant. Avant lui on plaquait ainsi les accords :

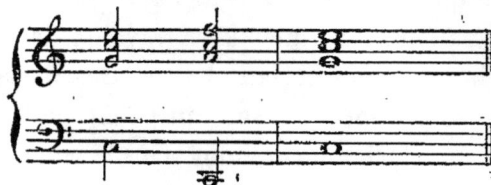

Il en modifia ainsi l'exécution :

Il donnait, par là, un tour plus lié et plus chantant à l'harmonie, imitant quatre ou cinq voix humaines qui jailliraient de l'orgue.

De tout ce que nous venons de dire, il faut conclure que Bach doit être signalé comme un des princes de la musique passée et peut-être future. L'étude assidue de ses ouvrages donnera une grande force à l'intelligence des artistes ; elle permettra d'émettre un jugement sain et assuré sur toute composition, car son œuvre résume toutes les connaissances musicales : c'est le résultat d'un travail infatigable joint à un immense génie.

Les deux fils aînés de cet immortel musicien, Wilhelm-Friedman et Charles-Philippe-Emmanuel, trouvant qu'il leur serait impossible d'égaler leur père, s'ingénièrent à se faire un style personnel. On sait que c'est à ce dernier qu'on doit l'invention de la *sonate,* forme de la musique moderne, moule nouveau de l'expression du beau, dont Haydn, nous le verrons bientôt, a tiré le premier un parti merveilleux.

Nous croyons devoir rattacher à l'école allemande le Saxon Haëndel, contemporain de Bach, qui, bien qu'il ait passé la plus grande partie de sa vie en Angleterre, est Allemand par le style comme par la naissance. Haëndel (1684-1759), après avoir fait représenter son *Almire* à Hambourg, voyagea en Italie ; il y écrivit plusieurs opéras, qui furent joués avec succès à Venise, Rome, Florence et Naples. Il se rendit ensuite en Hanovre, où il s'assimila le style élégant du maître de chapelle Stefani. De là, il passa en Angleterre, où il publia des *Antiennes,* des *Te Deum,* la pastorale *Acis et Galatée* et une quantité d'opéras qui eurent de nombreuses représentations. Mais son caractère violent et irascible le mettait presque continuellement en désaccord avec les artistes attachés aux théâtres qu'il dirigeait. Haëndel prit la scène en dégoût, et s'adonna à un genre qu'il devait pousser jusqu'aux dernières limites et qui immortalisera son nom ; nous voulons dire l'*oratorio.*

A partir de 1738, il fait paraître *Saül*, l'*Ode pour le jour de la Sainte-Cécile*, l'*Allegro ed il penseroso*, le *Messie*, qui est actuellement dans toutes les mémoires des *dilettanti* anglais, *Samson*, *Sémélé*, *Joseph*, *Hercule*, *Balthazar*, *the Occasional oratorio*, *Judas Macchabée*, *Alessandre Bala*, *Josué*, *Salomon*, *Suzanne*, *Théodore*, le *Choix d'Hercule et de Jephté* (cantate), un *Grand Te Deum* et, en outre, divers morceaux pour orgue ou hautbois. Pour produire tant d'œuvres, ou plutôt de chefs-d'œuvre, dans les dernières années de sa vie, il fallait qu'Haëndel, voué au célibat, s'enfermât chez lui, refusant toutes les invitations de la *gentry* anglaise, afin de travailler sans relâche. Aussi disait-on de lui à Londres : « He is a bear. C'est un ours. »

L'instrumentation d'Haëndel, dans ses opéras, est plus nourrie que celle de ses prédécesseurs. Il y recherche l'effet par l'emploi fréquent des instruments à vent, et trouve la note juste pour exprimer le caractère de ses personnages. Néanmoins ce n'est pas dans l'opéra, mais bien dans l'oratorio, nous le répétons, qu'il a laissé des pages immortelles par son style figuré.

En installant dans le temple les sujets bibliques, Haëndel fut, en Angleterre, le digne pendant de Bach, en Allemagne. Toutefois les œuvres de ces deux grands hommes offrent, comme leur vie et leur génie, de grandes différences. Haëndel désirait avant tout de captiver la multitude, et recourait dans ce but à tous les moyens honnêtes de l'art ; Bach, au contraire, visait à la perfection et ne comptait que sur le bon sens de ses auditeurs. Haëndel a réussi à la façon de Véronèse ou de Shakespeare, tandis que les œuvres de Bach ne pouvaient être populaires en raison de l'accumulation des difficultés d'exécution. Toujours à la recherche de l'effet, Haëndel tire ses dessins d'accompagnement des motifs du chant ; Bach donne à l'orchestre un vêtement différent de celui de la mélodie vocale ; il exige, par conséquent, des oreilles plus exercées pour être compris. Haëndel enlève la foule, Bach la fait réfléchir. Le premier vécut adulé par les Anglais et repose aujourd'hui, à côté des sépultures royales, dans l'abbaye de Westminster ; le dernier a été simplement estimé des Allemands et enterré comme le plus vulgaire mortel.

Cependant, à l'instigation de Mendelssohn, un beau monument funèbre a fini par s'élever sur sa tombe, à Leipzig, en 1843, et l'on a pu voir un petit-fils de Bach, Wilhelm-Friedrich-Ernst, fils de Jean-Christoph-Frédéric (de Bückeburg), le dixième fils de Jean Sébastien, assister à la cérémonie, avec ses deux filles et sa femme : il avait alors 83 ans et était venu de Berlin.

III

FRANCE

Goudimel, qui eut le mérite d'enseigner l'harmonie à Palestrina, et dont le bagage musical est immense, fut le Français qui de son temps donna peut-être le plus d'essor à la mélodie (1). Il mit en musique 150 psaumes de Clément Marot (2), et, s'inspirant des chorals de Luther et probablement du style simple et familier de Costanzo Festa, qu'il avait connu à Rome et que

---

(1) Goudimel (1510-1572) fut maître de chapelle à la cathédrale de Lyon. Il perdit la vie, en cette ville, dans les massacres de la Saint-Barthélemy.

(2) Avant d'être mis en musique par Goudimel, les psaumes de David, traduits par le calviniste Marot, furent chantés sur des espèces d'airs de vaudeville, et les princes et princesses de la cour de France en répandirent le goût. Henri II avait adopté le psaume : *Comme on oit le cerf bruire*, qu'il chantait à la chasse. Diane de Poitiers prit pour elle : *Du fond de ma pensée*, qu'elle chantait en dansant la volte. La reine choisit : *Ne veuillez, ô sire!* sur l'air de la chanson des bouffons. (V. *Curiosités musicales* trouvées dans les œuvres de Michel Coyssard, par Thoinor, p. 13, et publiées chez Claudin, rue Guénégaud, 3, à Paris.)

Baïni regarde comme le précurseur de Palestrina, il rompit ouvertement avec les préjugés de son pays, en attribuant le chant au soprano et en le laissant ainsi planer sur le fond de l'harmonie.

Le Liégeois Dumont (1610-1684), d'abord organiste de Saint-Paul, à Paris, puis maître de chapelle de Louis XIV, a excellé dans la musique religieuse, et a enrichi le graduel de cinq messes en plain-chant. La plus célèbre est celle du 1er ton, que l'on chante aux *grands solennels*. Le *Gloria* et le *Credo* sont deux pièces dignes du plus sérieux musicien. Mais l'art religieux devait bientôt céder le pas à l'opéra encouragé par Mazarin, qui appela en France une troupe de comédiens italiens (1645). Chargés de distraire les ennuis de la reine Anne d'Autriche, ces artistes représentèrent la *Festa teatrale della Finta pazza*. Deux ans après, le cardinal fit venir une autre troupe qui joua avec succès *Orfeo et Euridice* et la tragédie lyrique d'*Andromède*.

A la suite de ces représentations, certains *dilettanti* parisiens firent des démarches pour demander l'essai d'une pièce française. Chose curieuse, c'est un ecclésiastique, l'abbé Perrin, qui écrivit le premier *scenario* français. Il s'adjoignit Cambert pour la musique et le marquis de Sourdéac pour les machines. Parmi les essais d'opéras montés par les associés, il faut citer *Pomone* et surtout *Peines et Plaisirs de l'Amour* (poème de Gilbert), où un morceau de musique « *Le tombeau de Climène* » fit école parmi les musiciens de l'époque (8 avril 1672).

C'est donc à Cambert que revient l'honneur d'avoir fondé l'opéra français et non pas à Lulli ; mais c'est bien à ce dernier qu'on doit réellement le premier ouvrage digne de la scène, car ceux de Cambert n'étaient guère qu'une exhibition grotesque de chanteurs inhabiles et de ballets exécutés par des jeunes gens habillés en femmes. Si l'on ajoute que le drame était mal construit, on aura une idée de ces représentations lyriques.

Depuis l'époque où Mazarin appela en France une troupe italienne, la musique d'église perdit de jour en jour son caractère et tourna au genre dramatique. Nous n'aurons donc pour ainsi dire plus qu'à nous occuper de l'opéra, sauf à faire dans un dernier chapitre une revue rétrospective et succincte des principaux monuments de la musique religieuse.

Les essais faits par Cambert et par l'abbé Perrin n'eurent aucune influence sur la musique scénique; mais à partir de Lulli, le théâtre change de face. Quand Lulli (1633-1687) arriva à Paris, il n'était qu'un maigre joueur de guitare et avait encore beaucoup à apprendre. Il y apprit, en effet, la musique de Métru, de Roberdet et de Gigault, organistes à Saint-Nicolas-des-Champs. Quand il sut son métier, ce guitariste, assez rusé et assez énergique pour triompher plus tard de tous les envieux qui l'entouraient, s'efforça de donner à sa musique un caractère tout autre que celui de l'opéra italien. Néanmoins sa mélodie de courte haleine n'est pas à la hauteur du talent de son contemporain Scarlatti; ce n'est souvent qu'une imitation de chansons populaires, d'un rhythme un peu vulgaire. Ses récitatifs ont, il est vrai, une certaine accentuation de vérité et de noblesse; mais le rhythme de mesure n'y est pas conservé comme dans ceux du chef de l'école de Naples. Dans l'exemple que nous donnons, planche 23, les mesures à quatre, à trois et à deux temps se succèdent assez pêle-mêle, l'harmonie module peu, l'instrumentation est pauvre : la basse continue, qui porte la chiffration, se jouait au clavecin; dans quelques cas seulement, on adjoignait à cet instrument deux flûtes, deux hautbois ou deux trompettes.

Lulli n'est pas seulement le créateur de l'opéra français, il est aussi, nous l'avons dit, le créateur de l'*ouverture*, qui chez lui est une espèce de prélude développé. L'œuvre de Lulli n'est donc pas sans valeur; mais il faut convenir néanmoins que ses opéras ne sont guère que d'assez belles tragédies, dont la qua-

lité prédominante réside dans les récitatifs, et qu'il est, en général, au-dessous des Italiens de son époque pour le rhythme, la
mélodie et l'harmonie.

Lulli mort, la musique ne fait pas un pas avant Rameau.
Cependant, en composition, Rameau n'est pas un novateur ; il
conserva le genre de Lulli, en développant le rôle de l'orchestration, et en rendant l'accompagnement de plus en plus indé-
pendant du chant. Son style est plus nerveux et son rhythme
plus accentué ; il y a même quelques beaux chants dans son
Castor et Pollux ; mais, si l'on compare ses œuvres avec celles
de ses contemporains étrangers, on voit aisément combien son
style est lourd et avec quelle peine sa pensée parvient à se
dégager. Il dut s'apercevoir lui-même que ses premières études
de contrepoint avaient été faites à bâtons rompus, et c'est probablement par suite de cet aveu intime d'infériorité qu'il se
livra à l'étude approfondie des règles et se mit à écrire le plus
important traité d'harmonie qui ait paru en France jusque-là.
Mais, même dans ses recherches didactiques, Rameau pèche
par la base, car l'essence de l'harmonie est plutôt métaphysique
que physique, puisqu'elle a sa source dans notre pensée. Or,
son principe de la résonnance des corps, ne donnant que des
progressions de douzièmes, s'applique exclusivement aux
accords ; il n'exerce donc vraisemblablement aucune pression
sur nos sentiments, pour en faire sortir la mélodie. Rameau,
néanmoins, a rendu des services incontestables à l'art musical en
France, et son système de la basse fondamentale a mérité d'être
le pivot de l'enseignement, jusqu'au jour où parut le traité de
Catel.

Après Rameau, Rousseau ainsi que Duni, Monsigny et Phi-
lidor, en imitant le genre des bouffes italiens, qui faisaient à
Paris des apparitions de plus en plus fréquentes, créèrent
l'opéra comique. Dans ce genre, qui tenait le milieu entre l'opéra
bouffe et l'opéra sérieux, brilla ensuite Grétry. Comme Lulli,

ce musicien s'efforce de donner à chaque mot l'accentuation
musicale ; et, à l'opposé du créateur de l'opéra français, il y
arrive, non par la déclamation, mais bien par la mélodie. Il tenait
cela de l'esprit italien, dont il s'était probablement nourri pendant son séjour à Rome, en fréquentant Casoli et Piccini. Son
harmonie est simple ; elle ne joue dans ses œuvres qu'un rôle
secondaire, aveu qu'il fait lui-même dans ses Mémoires. Grétry
n'est donc pas un grand musicien, dans toute l'étendue du mot ;
c'est un génie mélodique, plein de goût, de sentiment, de délicatesse, et, à ce titre, il doit tenir une grande place parmi ceux
qui ont exprimé les sentiments du cœur humain par la mélodie
pure.

Glück (1714-1787) se rattache à la scène parisienne, dans la
dernière partie de sa vie ; c'est à Paris qu'il trouva un public
disposé à le comprendre. Les Italiens et les Allemands étaient
trop habitués aux douceurs des cantilènes, pour apprécier ses
innovations. Rappelons d'abord que, du vivant de Glück, l'opéra
italien n'était qu'un tissu d'airs destinés à faire briller le talent
du chanteur, sans égard pour la vérité dramatique (1). C'est avec
son *Alceste* que Glück accusa la transformation qu'il devait
apporter à l'opéra. En lisant la préface mise en tête de son
œuvre, on est frappé de la profondeur des vues de ce novateur,
de la force des arguments par lesquels il justifie la nécessité de
rejeter toutes les conventions admises avant lui sur la scène.
Voici le résumé de ses principes :

1° Rehausser la poésie par l'expression et par les situations
du drame, sans arrêter l'action ni la ralentir par des périodes

(1) Contraints de céder aux exigences tyranniques des cantatrices,
obligés de flatter l'amour-propre des sopranistes, les maîtres italiens du
XVIIIe siècle étaient fatalement condamnés à négliger la partie essentielle
de leurs œuvres, pour consacrer tous leurs soins à des beautés accessoires,
à trahir la vérité de l'expression au profit de l'élégance de la forme, à
sacrifier sans cesse l'élément dramatique à l'élément vocal. (V. *Histoire
de la musique dramatique en France*, par G. Chouquet, page 163.)

inutiles ; supprimer, par conséquent, les ritournelles d'orchestre qui peuvent entraver la marche de l'air, ainsi que les points d'orgue destinés à faire valoir l'agilité des voix ;

2° Ne pas sacrifier la deuxième partie d'un air, quand elle a de l'importance, pour répéter quatre fois, selon la routine, les paroles de la première partie et pour terminer l'air précisément là où le sens de la phrase demeure suspendu ;

3° Considérer la symphonie comme l'argument de l'action ;

4° Ne pas craindre de sacrifier quelquefois les règles en vue d'un effet nouveau.

La justesse de ces principes est irréprochable ; mais comme on abuse de tout ce qui est bon, nous verrons que c'est en renchérissant sur ces mêmes préceptes que l'école moderne, et surtout celle d'outre-Rhin, arrive à plonger l'art dans des ténèbres de plus en plus épaisses. Glück, fort de ses convictions, résista jusqu'à la mort à toutes les envies et à toutes les jalousies (1). Remontant le courant, il revint aux principes qui avaient guidé les premiers compositeurs d'opéras, c'est-à-dire qu'il rechercha la vérité d'expression. Avec lui, *l'air* n'est plus celui des italiens : il en supprime les reprises, les ritournelles placées mal à propos, et le rend ainsi plus majestueux et plus expressif. Le récitatif se ressent de cette élévation de vues : il n'est plus seulement l'application de l'accentuation syllabique à des notes ; sous sa plume, il devient une des plus abondantes sources d'effets dramatiques : c'est une espèce de mélodie particulièrement rhythmée et entourée de formes d'accompagnement exigées par la situation. La puissance de cet esprit dramatique se manifeste surtout dans le rhythme. Un critique lui demandait un jour pourquoi une figure d'orchestre dépeignant l'agitation et le trouble accompagnait ces paroles chantées par Oreste : « Le

(1) Lire la querelle des glückistes et des piccinistes dans la Correspondance de Grimm.

calme renaît dans mon cœur. » « Oreste ment, répondit Glück, il a tué sa mère. »

Bien qu'Allemand d'origine, Glück ne l'est point par le style : sa déclamation est toute française, sa mélodie toute italienne. Quand l'Allemagne revendique l'honneur de lui avoir donné le jour, c'est plus en raison du succès qu'il a obtenu en France et en Italie que pour la valeur qu'elle attache à ses œuvres. S'il se rapproche en quelque point du génie de sa patrie, c'est par l'accompagnement : son orchestre est fort, énergique, dépassant en hardiesse tout ce qui avait été écrit auparavant. Glück est vraiment un des plus grands symphonistes : parmi ses œuvres orchestrales, l'ouverture d'*Iphigénie en Aulide* est, entre autres, une composition de valeur que nous entendons, même aujourd'hui, avec pleine satisfaction. Elle renferme des accents d'une telle douleur, des effets de sonorité si bien ménagés, qu'elle ne vieillira pas. Glück avait, du reste, puisé à bon endroit ses connaissances de l'instrumentation : pendant dix ans il fut l'élève de Sammartini, le premier musicien qui écrivit pour grand orchestre, qui distingua le violoncelle de l'alto, et qui donna un rôle spécial au deuxième violon. Burney compare Glück à Michel-Ange. Il a, en effet, comme ce grand artiste, la force, l'énergie et la hardiesse; on ne pourrait d'ailleurs l'appeler le Raphaël de la musique, car, si sa mélodie possède parfois un certain charme, elle n'a pas cette grâce innée qui rend inimitable le peintre des vierges.

Glück fut un grand peintre des sentiments humains et donna une vive impulsion à l'art théâtral. Faut-il, après cela, le considérer comme un musicien profond ? Un tel génie n'aurait pu se développer dans une école de contrepoint; son impatience d'essayer ses ailes était trop grande pour qu'il pût s'astreindre à l'étude approfondie de la scholastique. Il apprit beaucoup de Sammartini, c'est vrai; mais, grâce à une intelligence naturelle et primesautière, il fut surtout fils de ses œuvres.

DEUXIÈME ÉPOQUE (Le XVIIIe siècle)

Le XVIIIe siècle n'est pas seulement mémorable en France par l'apparition de Glück, il l'est aussi par l'installation du *ballet* à l'opéra et par l'adaptation des livrets de Métastase à la scène française. En même temps que le rhythme régulier, inventé par Monteverde, se perfectionnera dans la mélodie, la traduction des *libretti* italiens rompra nos poètes à toutes les difficultés du mètre et leur fera comprendre que les tours mélodiques dépendent souvent des mesures de la poésie. C'est ce que nous allons constater successivement en Ialie, en Allemagne, puis en France.

I

ITALIE

Nous avons fait allusion à la lutte des glückistes et des piccinistes. Quoique vaincu dans ce tournoi musical, Piccini (1728-1800) a cependant contribué pour une large part au perfectionnement de son art : il a changé la forme du duo, en le composant d'une première partie, dans un mouvement modéré, et d'une seconde, dans un mouvement rapide et entraînant. Il a su adapter à ces deux mouvements, et avec de meilleures proportions, les développements de l'air, ainsi que les finales, où il réunissait toutes les voix dans une stretta qui servait de péroraison. Toujours sa musique est mélodique, élégante et naturelle ; elle s'adresse aux sens plus qu'à l'âme.

Un autre musicien célèbre, Sacchini (1734-1786), contemporain de Piccini, fut peut-être supérieur à lui par l'ampleur des idées ; mais la mélodie de Sacchini est la cantilène italienne, avec sa marche régulière qui donne une certaine monotonie à l'ensemble.

Paisiello, musicien distingué de la même époque (1741-1815), se ressentit des enseignements de Glück et trancha un peu sur la manière de faire de ses concitoyens. Son orchestre est plus énergique; les instruments à vent, entre autres le hautbois et la clarinette, y apparaissent de temps à autre, apportant à l'ensemble un visible éclat.

Le dernier compositeur napolitain, au XVIIIᵉ siècle, fut Cimarosa (1754-1801), élève de Manna, Sacchini, Fenaroli et Piccini. Le *Segreto matrimonio* suffirait à immortaliser son nom, car c'est le dernier mot de l'art italien au siècle dont nous parlons, et ce siècle a été particulièrement remarquable par le rôle de mieux en mieux proportionné de la mélodie dans les compositions. La mélodie de Cimarosa était tellement inépuisable, qu'un peintre osa le comparer à Mozart. A quoi Cimarosa répondit : « Que diriez-vous à qui vous affirmerait que vous êtes supérieur à Raphaël ? » Evidemment, avec les derniers compositeurs dont nous venons de parler, la langue musicale est complète : le rhythme est devenu régulier, la mélodie est arrivée à son plein épanouissement et l'harmonie ne laisse rien à désirer sous le rapport de la pureté.

Portons maintenant nos regards vers l'Allemagne et voyons quelle part lui revient dans l'essor de l'art.

II

ALLEMAGNE

Nous avons dit que les Allemands du Sud aimaient à entendre la musique italienne, et que quelques-uns d'entre eux allèrent l'étudier à Venise et à Rome, sous les Gabrieli, les Scarlatti, etc. Ce fut surtout après la guerre de Trente ans que l'Allemagne se prit instinctivement à chercher dans l'art musical une distraction à ses souffrances. Vienne, Munich, Dresde, Stuttgard créèrent des théâtres, appelant des artistes italiens et montant des opéras avec autant de luxe qu'en Italie. L'Allemagne du Nord, moins enthousiaste des productions exotiques, se livra volontiers à la culture du genre classique. Néanmoins quelques novateurs essayèrent de créer à Hambourg un opéra national. Un nommé Theiles, élève de Schütz, y fit représenter plusieurs pièces ; la première fut *Adam et Eve*. Le succès de cette tentative excita le talent et l'ambition de Keiser, musicien sorti de l'école de Saint-Thomas, à Leipzig. Keiser, qui s'était essayé déjà dans plusieurs ouvrages sérieux, est attiré à Hambourg, où il écrit près de cent opéras. Un moment, sa réputation fut immense, et tout donnait à penser que l'opéra allemand avait trouvé en lui un créateur. Mais il n'en fut rien ; le caractère germanique ne peut se contenter de ces airs écourtés, qui rappellent de loin le *lied* populaire, et de ces petits chœurs, coupés de récitatifs sans force ni caractère.

L'essai de Keiser ne réussit pas, et les quelques théâtres qui s'étaient ouverts par son influence, dans les villes du Nord, redevinrent le domaine exclusif des chanteurs et des compositeurs italiens. Téléman, Matheson et Haëndel, dont nous avons parlé, essayent comme lui d'écrire spécialement pour la scène allemande, mais, comme lui, sans succès durable.

Le temps n'est pas venu pour l'Allemagne d'avoir son opéra national, il lui faut attendre que les Sacchini, les Piccini, les Glück, les Paisiello, les Cimarosa aient fini de parler. Pendant ce temps, Hasse et Graun alimentent les théâtres de leurs œuvres, conçues dans le goût italien ; Bach, comme nous l'avons dit, perfectionne la fugue et le contrepoint, il forme des organistes et des clavecinistes, qui vont au loin porter la clarté et la pureté de son style et de sa méthode ; Fux, le célèbre maître de chapelle de l'empereur Charles VI, fait paraître à Vienne, en 1725, son *Gradus ad Parnassum*, traité des règles de la composition, d'après l'étude approfondie et sérieusement mûrie des

chefs-d'œuvre de l'époque et surtout de Bach et d'Haëndel.
Nous touchons au berceau d'Haydn, surnommé par quelques
écrivains le Christophe Colomb de la musique instrumentale.

Haydn (1732-1809) eut le bonheur de faire ses premières
études sous la direction de Porpora, professeur de chant des
plus habiles et des plus distingués. Cette éducation explique
comment, à travers le fin réseau, le délicat tissu de ses contre-
points, on voit percer cette mélodie claire et facile qui fut l'apanage de l'école italienne, mais qui, en passant par le cerveau
d'Haydn, prit un caractère plus profond, c'est-à-dire plus allemand, sans cesser d'être d'une grande limpidité. Mais, au siècle
dont nous parlons, ce n'était pas la mélodie qui avait besoin de
représentants. Les Piccini, les Sacchini, les Cimarosa avaient
porté l'art du chant à un point de perfection assez élevé pour
qu'on s'en pût contenter, tandis que l'orchestre, malgré les efforts
de Sammartini et de Glück, n'avait pas atteint ce niveau. On avait
bien compris que la partie du chant et la partie instrumentale
ne doivent pas s'inspirer du même souffle, et que, si leurs rôles
sont différents, l'un et l'autre ont droit à une égale importance.
Mais les faits ne répondaient pas à la théorie : l'orchestre n'était
encore au théâtre, dans le milieu du XVIIIe siècle, que le très-
humble serviteur du chanteur. Les compositeurs, en dépit des
théories de Glück, ne considéraient les instruments que comme
de simples éléments d'accompagnement pour les voix, et ils ne
se préoccupaient pas plus d'en tirer un meilleur parti que ces
peintres insouciants qui dédaignent de soigner les accessoires
d'un grand tableau pour s'attacher exclusivement au sujet principal.

C'est à Haydn qu'était réservé l'honneur de tirer l'orchestre
de cette espèce d'oubli immérité, ou plutôt de lui rendre à la
fois son sceptre et son indépendance, dans la *symphonie*. Pour
ce genre nouveau, comme pour ses *quatuors* et ses *sonates*,
Haydn a adopté la coupe imaginée par Emmanuel Bach, et il

l'a si bien proportionnée, que ses œuvres sont encore aujour-
d'hui des modèles de clarté et d'élégance, reposant sur une
science consommée des développements. Grétry a pu dire de
lui : « Il faut plus de génie pour produire une symphonie comme
celles d'Haydn, qu'il n'est nécessaire d'en avoir pour composer
la musique d'un opéra tout entier. »

Chaque morceau d'Haydn comprend généralement trois
parties principales.

L'*allegro*, mélange d'héroïque et de comique, s'imposant
immédiatement, est formé d'un premier motif sur la tonique,
qui commence et finit sur le même ton. Ce motif est
suivi d'idées accessoires, modulant sur la quinte de la dominante du ton premier. Un deuxième motif se fait entendre
sur cette dernière dominante, suivi encore de quelques idées
accessoires finissant dans la même tonalité : voilà pour la première partie. La seconde, ou intrigue, commence dans n'importe quel ton, sauf celui de dominante. Elle module arbitrairement : les imitations, les progressions, toute la matière fuguée
trouve ici sa place pour développer les deux premiers motifs.
Cette partie finit sur la dominante du ton principal, en vue de
retomber sur la tonique avec les motifs et les idées accessoires
de l'exposition, dont le retour constitue la troisième partie ou
conclusion. Dans ce retour, le deuxième motif de la première
partie est transposé sur la tonique. Il est généralement abrégé
et suivi d'une *coda*, qui termine le tout avec chaleur. On reconnaît dans cette coupe du discours musical l'image classique
d'une composition oratoire.

L'*andante* et l'*adagio* se composent aussi de trois parties,
mais accouplées dans un ordre différent de tonalités. La première comprend une ou deux périodes, ne modulant que pas-
sagèrement et finissant dans le ton de la tonique. La deuxième
comporte de nouvelles idées, dans le cadre de la sous-dominante. Elle est écrite quelquefois dans le mode mineur relatif,

ou dans le mineur de la tonique première. La troisième partie
est la reproduction de la première, avec addition de développements à la seconde, ou de broderies sur les premiers motifs.

Le *menuet* se compose, dans sa première partie, d'une période finissant sur la dominante du ton, d'une deuxième période
sur cette dominante, avec reprises, et du retour de la première.
La seconde partie, appelée *trio*, comprend également trois
périodes, finissant en général sur la dominante du ton premier :
elles sont sur la dominante ou la sous-dominante, ou bien encore dans le mineur relatif de la tonique première. La troisième partie est la reproduction des idées de la première,
quelquefois un peu développées.

Le *rondo* est également composé de trois parties. Un premier
motif, assez long, commence et finit dans le même ton.
Il est suivi d'un second motif, avec développements, dans
le ton de la dominante ou dans le mineur relatif ; mais il doit
finir à la dominante, pour s'enchaîner avec le retour du motif
premier, souvent écourté : telle est la première partie. La
seconde fait entendre de nouvelles idées, dans le ton de la sous-
dominante, et aboutit à la dominante. Ces idées sont suivies
du retour du premier motif, auquel succèdent généralement
de nouvelles périodes, se terminant sur la dominante du ton
principal. La troisième partie est la récapitulation du premier
motif, suivi de développements roulant sur les idées les plus
intéressantes entendues auparavant. Une *coda* chaleureuse clot
cette conclusion.

Le *thème varié*, composé d'une ou deux périodes finissant
dans le ton choisi, est suivi d'une première variation pouvant
s'y adapter parfaitement et de deux autres qui modulent, *ad
libitum*, dans les tons relatifs. De nouvelles idées, qui peuvent
changer le premier mouvement, distinguent la deuxième partie
de la première et servent à faire reposer les motifs déjà entendus. La troisième partie comprend trois variations nouvelles

sur le thème principal, et se termine quelquefois par une *coda* qui module dans des tons n'ayant pas encore paru. Cette *coda* est parfois d'un mouvement plus rapide.

Telles sont, réduites à leur squelette, les coupes employées par le créateur de la musique instrumentale. Elles sont fondées sur la logique des sentiments et ont été, depuis la fin du XVIIIe siècle, adoptées par tous les compositeurs. Quant au développement de ses œuvres, on ne saurait concevoir rien de plus pittoresque, de plus mouvementé, de plus magique. C'est un pays nouveau qu'il découvre pour l'art, une terre chargée de fleurs exotiques, au plus riant éclat, au parfum le plus suave, qu'il fait passer devant nos yeux.

Si l'on examine de très près, on voit qu'il n'obéit pas toujours aux règles sévères du contrepoint, et qu'il lui arrive quelquefois de maltraiter légèrement la grammaire, quand elle devient gênante ; mais alors, il prend la peine d'écrire en marge de sa partition : « licence », comme s'il pensait à ce vers d'Horace : *Sunt delicta tamen, quibus ignovisse velimus.*

Les premiers *allegros* d'Haydn sont un peu faibles, mais les derniers sont de toute beauté. Presque toujours l'*adagio* est gracieux et empreint d'une certaine gaîté ; le menuet est un petit chef-d'œuvre de pétulance, de délicatesse et de joie ; le rondo est vif, entraînant, spirituel. On a pu remarquer que, sauf un verset de son *Stabat mater* et deux adagios des *Sept paroles du Christ*, qui sont empreints d'un accent de douleur profonde, l'enjouement est tellement inné dans cet esprit d'élite, qu'il lui arrive rarement de peindre la tristesse. C'est à cette gaîté naturelle qu'il faut attribuer sans doute le peu d'aptitude d'Haydn pour le genre dramatique. La musique scénique suppose, en effet, une âme tourmentée par les Muses, agitée par les passions et tyrannisée par une fiévreuse inspiration, toutes choses inconnues d'Haydn. Ajoutons que ses habitudes d'indépendance ne lui permettaient pas de se soumettre aux exigences d'un poème, et nous ne serons pas étonné que les divers opéras qu'il a composés ne soient point parvenus jusqu'à nous.

Si le sort de ses messes n'a pas été le même, c'est que le texte sacré se prête facilement à toutes les combinaisons musicales. Durante, compositeur napolitain et surtout excellent professeur (1), avait essayé d'introduire la mélodie italienne dans la musique religieuse, et son exemple avait été tellement imité, que le genre religieux se confondait de plus en plus avec le genre théâtral. Haydn entrevit clairement les défauts de cette mélodie « à l'italienne » adaptée au texte sacré ; il imagina un genre à lui, trouvant pour ses motets et ses messes des motifs tendres, doux, suaves et mêlant le classique au religieux. Un des moyens qu'il employait le plus, pour donner un caractère d'unité à ses œuvres d'église, consistait à choisir un thème en situation avec les paroles et à en tirer des imitations multiples, comme développements.

Ses *Alleluia*, ses *Amen* respirent une joie pleine d'une certaine majesté. On y trouve des fugues d'un grand brio et venues avec une étonnante facilité. Néanmoins, la justesse de l'expression n'est pas irréprochable dans ses quatorze messes. Il y a tel *Agnus* et surtout telle fugue de *Kyrie*, en 6/8, qui semblent un peu déplacés à l'église, et ne sont pas précisément la peinture des sentiments pieux dont l'âme doit y être pénétrée. Mais, si le rhythme est parfois blâmable dans certains sujets, que Palestrina avait traités d'une façon magistrale, Haydn a su ouvrir à la musique religieuse un plus vaste horizon que le chef de l'école romaine ; il a su faire vibrer admirablement la corde qui exprime l'allégresse et qui la laisse circuler à travers un *Gloria*, un *Jubilate,* un *Plaude Sion*, un *Alleluia.* Après tout, la

---

(1) Durante (1684-1775), professeur au Conservatoire de Loreto, où il succéda à Porpora, eut pour élèves Traëtta, Vinci, Terradeglias, Jomelli, Piccini, Sacchini, Guglielmi, *Paisiello.*

musique d'église ne doit pas exclusivement inspirer le respect et la crainte, elle doit être aussi parfois l'écho d'une sainte joie.

Dans l'*oratorio*, Haydn a pris pour modèle Haëndel, et il en est le digne successeur. Il a abordé, dans la *Création*, le genre descriptif avec un succès complet, par une imitation pour ainsi dire transparente des objets à peindre. Cette pittoresque musique, en pénétrant dans nos oreilles, semble exciter en nous une vue interne des choses qu'elle décrit et leur donner de la vie.

Enfin, le plus grand éloge qu'on puisse faire d'Haydn, c'est de dire qu'il fut l'instituteur de Mozart, puisque celui-ci écrit en tête des *six quatuors* qu'il lui a dédiés, « qu'il doit à Haydn la même reconnaissance qu'un écolier à son maître ».

Après ce qu'on vient de lire, il semblerait que la musique a dit son dernier mot avec Haydn, et que le rhythme, l'harmonie et la mélodie sont à bout de ressources pour charmer nos oreilles. Quel est celui qui, brillant avec une gloire égale dans tous les genres, pourra dire à l'art dramatique et à l'art classique : « Tu n'iras pas plus loin » ? Est-ce un Allemand, un Italien ou un Français ? Sera-ce un homme, un ange ou un démon ?... Cherchons.

Amédée-Wolfgang Mozart (1756-1791), qui se disait disciple d'Haydn, avait pour guide un père doué d'un jugement sûr et d'un savoir profond ; de bonne heure, il puisa dans la cantilène italienne la mélodie vive et pénétrante qui porte le charme avec elle ; il étudia ensuite dans les œuvres de Bach et de Haëndel l'harmonie serrée du contrepoint, puis il déroba à Glück son immense talent de peintre dramatique et à Haydn sa science orchestrale. Avant lui, la mélodie était l'enfant de l'Italie ; l'harmonie avait pour patrie l'Allemagne, et ces deux pays, se renfermant chacun dans son individualité, luttaient à qui mieux mieux pour s'emparer du cœur humain. A Mozart était réservée la gloire de réunir ces deux éléments constitutifs de la

musique, et de créer des chefs-d'œuvre qui serviront toujours
de modèle aux esprits désireux d'atteindre le vrai but de l'art.

Pour jouer un tel rôle, pour s'assimiler tous les styles, aspirer
toutes les tendances et fonder l'art moderne, pour devenir non-
seulement le représentant d'une nation, mais le musicien de
l'humanité entière, il fallait que Mozart possédât des qualités
intellectuelles et morales sans nombre. Oulibicheff a dit de lui
qu'il avait « des sens inflammables et un esprit contemplatif,
un cœur exubérant de tendresse et une tête merveilleusement
organisée pour le calcul ; d'un côté, l'amour du plaisir, la diver-
sité des goûts et des penchants qui caractérisent le tempérament sanguin ; de l'autre, cette constance opiniâtre dans le
travail, cette tyrannie d'une passion exclusive, ces excès meur-
triers de l'activité intellectuelle qui sont l'attribut des tempéraments mélancoliques ; le jour, se laissant emporter au gré
du tourbillon où il vivait ; la nuit, veillant à la lueur d'une
lampe, que le démon de l'inspiration tient allumée jusqu'à
l'aurore ; tour à tour exalté et libertin, hypocondriaque et
bouffon, catholique dévot et joyeux compère : voilà quel, à
peu près, fut Mozart, l'homme inexplicable, parce qu'il était
le musicien universel qui porta dans son art la force de la vo-
lonté jusqu'à l'immolation de soi-même, et fut dans tout le
reste une contradiction vivante et la faiblesse personnifiée ».

Après l'homme, étudions l'artiste. Le style de Mozart est
une merveilleuse pondération entre la mélodie et l'harmonie
savante ; quel que soit le genre qu'il traite, jamais l'une n'absorbe l'autre ; elles se prêtent, au contraire, un mutuel appui,
au grand avantage de la clarté, de la grâce et de la noblesse de
la phrase. Parmi ses compositions religieuses, citons son *Ave
verum*, cette page divine qu'il écrivit dans les Alpes, un jour
que son âme délicate était en extase devant la grandeur de Dieu.
Y a-t-il au monde une mélodie plus tendre, soutenue par une
harmonie plus riche et plus noble ? La modulation placée sous

les mots *cujus latus* n'est-elle pas l'expression la plus suave de l'aspiration du cœur humain vers les sphères éternelles ? La pureté de sentiment qui règne dans le motet tout entier nous fait oublier les plus beaux passages de la *messe* dite du *pape Marcel*. Que dire encore de ses messes et surtout de son *Requiem,* sinon que ce sont des œuvres comme en aurait écrit Palestrina, si la langue musicale avait pu, de son vivant, lui offrir toutes les ressources qu'elle possédait au XVIIIe siècle ?

Dans le genre orchestral, Mozart a dépassé Haydn ; il suffit pour s'en convaincre d'entendre la symphonie en *sol mineur*, l'introduction-ouverture de *Don Juan* et l'ouverture de la *Flûte enchantée*, bijou d'une finesse exquise qui cache, sous des dehors charmants, la science la plus profonde et la mieux traitée.

Dans le genre dramatique, énumérons les chefs-d'œuvre : *Cosi fan tutte*, et la *Clémence de Titus*, où des mélodies d'une beauté incomparable font pâlir celles de Paisiello et de Sacchini ; *Idoménée*, où l'auteur se montre supérieur à Glück dans l'air d'Idamante, dans celui d'Idoménée et dans le chœur final du deuxième acte ; les *Noces de Figaro*, où la comédie mise en musique atteint son plus haut degré de perfection ; la *Flûte enchantée*, qui ouvre la voie au drame fantastique ; *Don Juan*, qui importe le romantisme sur la scène. Ce dernier opéra fut la réalisation du rêve systématique de Mozart : l'*opéra symphonique*. Par le rôle que l'orchestre y joue, le rhythme agrandit son domaine, la mélodie respire d'un souffle plus puissant, et l'harmonie profonde y obtient autant de place que dans la musique classique. Mozart est donc le créateur de l'art moderne par l'alliance savante de l'harmonie et de la mélodie, mélange raisonné de douceur et d'éclat qui forme la véritable synthèse musicale.

Malheureusement les musiciens qui suivent la voie ouverte par cet immortel génie, renchérissant sur les innovations har-

moniques dont il avait doté l'art, s'engagent peu à peu dans un
dédale musico-algébrique, où la mélodie, née du choc des consonnances et des dissonnances, va lentement se perdre et s'éteindre ; le rhythme et l'harmonie croient la couvrir de riches ornements et ne font que l'étouffer sous d'épais calculs.

Certains compositeurs d'opéras exigent des voix une étendue démesurée, d'autres les sacrifient entièrement aux instruments, d'autres enfin emploient tant d'éléments divers que
leurs œuvres ne sont possibles que sur des scènes spéciales.
Dans Mozart, rien de ces exagérations : son *Don Juan* est riche de mise en scène, mais sans profusion ; les rôles y sont
admirablement dessinés ; les traits des chanteurs, brillants,
sans être scabreux, et la voix, toujours à la place d'honneur.
Il a su tenir un juste milieu dans l'emploi des mille sonorités
de l'orchestre. Ce n'est pas avec le tapage qu'on fait de la musique, et c'est un faux principe que de rechercher l'effet par de
trop grandes masses chorales et orchestrales. Notre oreille
reconnaît des limites aux sons, et, toutes les fois que ces bornes
sont dépassées, il y a souffrance pour notre organe et péril
pour l'art. L'orchestration de Mozart est puissante sans effort,
moelleuse sans afféterie. Parfois on y désirerait un peu plus de
volume de son, un emploi plus fréquent des cuivres ; c'est le
désir de celui qui sort de table avec un reste d'appétit ; Mozart
donne juste de quoi se satisfaire, non de quoi se repaître. Ce
génie qui a écrit dans tous les genres, qui a traité toutes les parties de l'esthétique musicale, sera donc le modèle auquel il
faudra toujours revenir pour réaliser le beau et le vrai.
Adonné à la musique dès l'âge le plus tendre, travaillant dans
le but unique de perfectionner son art, mort pauvre, et en
écrivant ce beau *Requiem*, où rayonne la foi qu'il avait reçue
de son père, Mozart est réellement le Messie de la musique.
Que de fois, en couvant cette œuvre dernière, sentant sa fin
approcher, n'a-t-il pas dû s'écrier : « Que ce calice s'éloigne de

moi ! » Son heure était sonnée. L'art avait dit son dernier mot
en passant par son âme ; sa mission était accomplie : une heure
de plus n'aurait rien ajouté à sa gloire.

III

FRANCE

Malgré l'esprit d'universalité donné à l'expression musicale
par Mozart, les œuvres des compositeurs français conservent
longtemps encore un caractère national.

Dalayrac (1753-1809) est le type de ce caractère français. Il
laisse sa muse aimable et légère chanter jusqu'aux premières
rumeurs de 89, et crée de vrais chefs-d'œuvre dans le duo et
la romance. Son orchestration est plus nourrie que celle de
ses contemporains et devanciers, sans excepter Grétry, qui, au
dire d'A. Adam, « était un grand musicien, ayant mal appris,
mais devinant beaucoup. »

Formé au milieu des tourmentes de la grande Révolution,
Méhul (1763-1817) devait donner à la musique de son pays un
accent plus dramatique, à la mélodie un souffle plus puissant, à
l'harmonie un coloris plus piquant et plus local. S'il avait eu
le don de la grâce, il aurait pu être un second Mozart. En effet,
aucun Français n'avait écrit avant lui des ouvertures compa-
rables à celles de la *Chasse du Jeune Henri,* de *Joseph,* d'*Hora-
tius Coclès,* où, pour la première fois, quatre parties de cor se
font entendre, de *Timoléon* et des *Deux Aveugles de Tolède.*
Personne n'avait rêvé des airs aussi pleins d'expression dramatique que ceux de Joseph, de Siméon, que le duo de Jacob
et Benjamin, que l'air d'Ariodant et le duo de jalousie.

Moins gracieux mélodiste que Mozart, mais musicien profond
et sévère, produisant beaucoup avec rien, Cherubini (1760-
1842) a joui en France d'une réputation méritée. Ses ouvertures

sont belles, ses airs d'une noble déclamation, ses finales d'une grande importance. Il fait mouvoir les *grands ensembles* avec une étonnante facilité. Il avait étudié à fond Haydn et Mozart, et son génie musical est le trait d'union entre ce dernier et Beethoven. Mais, manquant d'instinct scénique et n'hésitant pas à sacrifier l'action à un développement musical, Cherubini n'a pu voir ses œuvres subsister longtemps au théâtre.

L'art lui doit non-seulement de la musique dramatique, mais de la musique sacrée du meilleur goût : sa *Messe du Sacre* est un triple chef-d'œuvre sous le rapport de la mélodie, de l'harmonie et de la couleur religieuse. La didactique lui est aussi redevable d'un traité de fugue et de contrepoint, qu'on suit encore aujourd'hui au Conservatoire de Paris. Il y a en Cherubini une double nature : par sa vaste science. il est Allemand ; il reste Italien par sa mélodie fraîche et coulante.

La Révolution française fit quelque chose pour la musique : la création du Conservatoire et le décret publiant la liberté des théâtres provoquèrent à Paris une noble émulation parmi les compositeurs. A côté de Cherubini, Catel travailla efficacement au développement de l'harmonie en France, en écrivant un traité qui renverse complètement le système de Rameau, et qui établit en principe que les dissonances naissent des consonnances par l'effet du retard de ces dernières. Nous citerons encore Spontini, qui vécut quelque temps à Paris, et, dans son *Fernand Cortez* et sa *Vestale*, se montre le digne successeur de Glück. Enfin n'oublions pas Lesueur, musicien au genre descriptif et digne soutien de la musique française. Il fut le premier maître d'Ambroise Thomas et de Gounod, auxquels l'art français devra peut-être sa résurrection, sinon les derniers reflets de sa gloire.

TROISIÈME ÉPOQUE (Les Modernes)

I

BEETHOVEN

Orphelin de bonne heure, fantasque de son naturel, vivant sans famille, et devenu misanthrope par l'isolement dans lequel il se plaisait, Beethoven se créa dans l'esprit un monde imaginaire. Toujours replié sur lui-même, persuadé qu'une fatalité aveugle et implacable s'attachait à ses pas, il en vint jusqu'à nier la Providence. Toutes ses œuvres s'en ressentirent, et des phrases aussi tourmentées que le fond de son âme, des périodes musicales aussi longues que les méditations auxquelles il s'abandonnait, des harmonies entachées d'erreurs aussi inconcevables que les déductions qu'il faisait de ses théories philosophiques, telle fut la fin de cette belle et sombre intelligence (1). Et cependant que de pages sublimes n'a pas écrites Beethoven, tant qu'il a suivi la route tracée par Mozart ! N'y eût-il que sa collection de *trios*, dont plusieurs sont des modèles de perfection, sa *Sonate pathétique* (en *ut mineur*) où l'on rencontre tout ce que l'harmonie, la mélodie et le rhythme peuvent exprimer de plus beau, de plus noble, de plus sentimental ; et celle en *ut dièze mineur*, peinture divine de toutes les peines et de toutes les joies qui peuvent affecter l'âme. Mais il y a encore l'andante de la symphonie en *la* et la ballade d'*Adélaïde*. Beethoven a écrit des sonates éblouissantes pour le piano, cet instrument de prédilection auquel il confiait les agitations de

(1) Fétis dit à ce sujet : « L'analyse que j'ai faite avec soin des œuvres 127 à 135 m'a démontré que, dans ces dernières productions, les nécessités de l'harmonie s'effaçaient dans la pensée de Beethoven devant des considérations d'une autre nature. »

son cœur. Beethoven a élargi le domaine de la musique d'orchestre, en donnant plus d'ampleur aux développements ordi-
naires, et en faisant de cette forme musicale la plus haute
expression de la pensée humaine , quelquefois la peinture la
plus exacte de certains tableaux : la *Symphonie héroïque*, la
pastorale et les symphonies *en ut mineur* en rendent témoi-
gnage. C'est à lui qu'on doit la transformation en piquant
scherzo du menuet, inséparable de la musique de chambre, chez
Haydn et Mozart.

La musique dramatique d'opéra ne doit rien à Beethoven :
l'obligation qu'il s'imposait d'avoir une immense échelle de
sons pour exprimer sa pensée le conduisit à mépriser la voix
humaine et à la reléguer presque toujours au second plan, au
lieu de lui donner la place d'honneur à laquelle elle a droit
sur les instruments. Malgré le coloris de l'orchestration, malgré nombre d'épisodes intéressants et malgré l'effet puissant du
final du premier acte, *Fidelio* n'est point une œuvre scénique.
C'est toujours l'orchestre qui absorbe l'attention du maître. Si
Beethoven avait eu un caractère différent, s'il avait fréquenté la
société, coudoyé le monde de près, il aurait appris à faire des
concessions à ses semblables et acquis sans doute la souplesse
et la malléabilité qu'il faut pour obéir aux exigences de la scène;
mais son humeur farouche et son caractère despotique, qui en
imposaient à Gœthe comme à la Sontag, le rendaient impossible
au théâtre.

Beethoven s'est aussi essayé dans le genre religieux, avec les
mêmes qualités et avec les mêmes défauts. Ainsi, dans le
Benedictus de la *Messe en ré*, morceau le plus important de
l'œuvre, c'est un violon solo qui joue le rôle principal, en
dominant les voix du chœur et du quatuor. Cette manière de
traiter la partie vocale a eu malheureusement, depuis Beethoven, de nombreux partisans, et, comme conséquence, le rôle de
l'artiste scénique s'est de plus en plus réduit au récitatif ou à

la simple mélopée, tandis que l'orchestre, reculant chaque jour les bornes de son empire, a absorbé tout l'intérêt musical.

C'est dans la symphonie que Beethoven se trouvait à l'aise, parce qu'il y pouvait verser le trop-plein de son cœur et souvent de son cerveau, véritable volcan en activité. Sur le vaste terrain de l'orchestre, il donnait librement carrière aux mouvements de liberté universelle qui l'agitaient impétueusement. N'a-t-il pas écrit sa *Symphonie héroïque* en l'honneur de Bonaparte, qu'il croyait être le grand libérateur des peuples, et n'en a-t-il pas changé l'andante en marche funèbre, quand il apprit son couronnement ?

L'imagination effrénée de Beethoven lui fit plus d'une fois dépasser les limites du vraisemblable. C'est elle qui l'amena à exagérer peu à peu les périodes épisodiques, à agglomérer des sons douteux et à détruire l'équilibre qui doit exister entre les facultés de l'esprit et les lois de l'oreille. Les *cinq quatuors* qui appartiennent à la dernière période du génie de Beethoven, soulevèrent de son temps, en Allemagne, une véritable tempête. En France, ils furent délaissés par Baillot en désespoir de cause ; et, quoique repris un peu plus tard, par Maurin, Chevillard et leurs collègues, ils ne purent s'implanter dans l'esprit du public. Il y a dans ces pages, côte à côte avec des élans superbes, des longueurs si bizarres et si incohérentes, des harmonies si dures et si étranges, qu'on les écoute avec patience, uniquement parce qu'elles sont signées d'un maître. En vérité ce sont des œuvres apocalyptiques, ainsi que sa grande *Messe en ré*, dont nous avons déjà parlé, et surtout sa *Neuvième Symphonie* avec chœurs.

Les disciples de Beethoven sont nombreux, et, ce qui est fâcheux pour l'art, c'est que plusieurs vont jusqu'à préférer ses œuvres dernières à la *Symphonie pastorale*, sous prétexte qu'ils recherchent moins, disent-ils, le peintre de la nature que le promoteur libéral des idées modernes. Brendel (1) dit textuelle-

(1) *Geschichte der Musik* (11, 50).

ment qu'on trouve dans la *Neuvième Symphonie* « la solution du
problème du temps et des rapports de l'homme avec l'homme,
la rupture des barrières qui séparent les cœurs. les poèmes de
l'égalité et de la fraternité ». L'influence de Beethoven demeure
donc immense, surtout au-delà du Rhin ; pour nous, nous pensons qu'on peut lui appliquer ce que Sainte-Beuve a dit de
Chateaubriand : « C'est de lui que viennent, comme de leur
source, les beautés et les défauts que nous retrouvons partout
autour de nous et chez ceux mêmes que nous admirons le plus ;
il a ouvert la porte par où sont entrés en foule les bons et les
mauvais songes. » La suite de cette étude ne justifiera que trop
ces paroles, bien qu'il nous reste encore à recueillir quelques
échos de la mélodie, surtout dans l'école italienne.

II

ÉCOLE ITALIENNE

Pendant que Beethoven fondait en Allemagne une nouvelle
école, Rossini (1792-1868) faisait retentir l'Italie des plus
douces cantilènes de sa muse légère. Nous avons dit que Rossini
se rattachait à l'histoire de la musique de Venise ; c'est dans cette
ville qu'il donna, en effet, son premier essai dramatique, *Cam-
biale di matrimonio*, et son dernier opéra italien, *Semiramide*. Jusqu'à son arrivée en France, les œuvres de ce compositeur sont coulées dans le moule ultramontain de ses devanciers ; au milieu d'elles s'élève le *Barbier de Séville*, chef-
d'œuvre de grâce et d'esprit, qu'on ne se lasse pas d'admirer,
même de nos jours. Mais, en s'établissant à Paris, Rossini
s'aperçut qu'il fallait faire plus d'un effort pour satisfaire l'esprit
français, modèle de goût et d'ordre. Malgré sa nature frivole
et mondaine, il se mit à écrire pour notre scène le *Siège de
Corinthe, Moïse*, le *Comte Ory* et *Guillaume Tell*. Ce dernier

opéra fit taire tous les critiques qui ne lui reconnaissaient pas
les moyens de traiter un grand sujet.

Dans l'ouverture de *Guillaume,* tableau descriptif et saisissant, le rhythme, la mélodie et l'harmonie nous convient à des
jouissances multiples, en nous procurant les sensations les plus
opposées : le chant de violoncelle dans l'introduction, avec ses
modulations fraîches et neuves, porte le calme dans notre âme;
la scène-orage qui suit nous bouleverse par ses harmonies
imitatives ; le chant de hautbois qui lui succède nous met sous
le charme, et l'allégro final, par la hardiesse de ses traits bien
rhythmés et le coloris de ses modulations, nous pénètre d'une
allégresse indéfinissable. Tout, du reste, dans cet opéra est descriptif, neuf et saisissant. Les idées y sont même tellement abondantes, les rhythmes si variés, l'orchestration si riche, qu'on
est ébloui par tant de luxe, et qu'on se demande si des idées
moins nombreuses et plus développées (bien que la scène ad-
mette plus d'action que de développements) n'engendreraient
pas une œuvre aussi parfaite, et plus parfaite, parce qu'elle
serait plus *une*. Pourquoi le taire ? Nous avons quelquefois
déploré cette intarissable veine de mélodie du cygne de Pesaro,
notamment dans *Otello*, où la noblesse du style est plus rare
que dans les récitatifs et dans les airs de *Guillaume Tell*, et dont
les scènes se composent d'idées les plus disparates.

Ce défaut provient évidemment d'une imagination trop
ardente qui n'a jamais pu s'assujétir à l'étude du contrepoint.
Pour Rossini l'art n'avait qu'un but : le succès et la popularité.
Aussi *Guillaume Tell* né, le chantre de Pesaro, dans toute la
force de l'âge et du talent, s'adonna-t-il aux douceurs du *far
niente*. Cette réserve faite, Rossini n'en est pas moins la mélodie personnifiée. Le *duo* d'Arnold et de Guillaume Tell, l'air
de Mathilde, le trio et le *Suivez-moi* suffiraient à le prouver, si
l'on n'avait pas la *barcarolle* du premier acte et les chœurs
éblouissants qui la suivent; néanmoins, entre Rossini et Mozart

quelle différence, si l'on songe que celui-ci écrivait dans tous
les genres et possédait au même degré toutes les aptitudes :
virtuosité, science, composition ; tandis que Rossini, né dans
les coulisses, ne sut écrire que pour la scène ! L'art dramatique
lui doit quelque chose, mais le genre classique aurait exigé de
lui un travail trop soutenu pour que sa molle nature pût s'y
adonner avec succès ; nous dirons cependant plus loin quelques
mots de sa musique religieuse.

C'est à Rossini qu'il faut attribuer le rôle important donné
aux instruments de cuivre dans l'orchestration, le développement des finales et des *crescendos* qui tiennent une si grande
place dans les œuvres modernes. Rossini demande beaucoup
aux voix, au ténor surtout, et l'on peut dater de l'apparition de
Guillaume Tell, triomphe du *contre ut* de Duprez, cette tendance à exagérer la partie de l'organe vocal.

Les compositeurs qui soutiennent, avec Rossini, la gloire de
la mélodie italienne sont Bellini, Donizetti et Verdi.

Bellini (1802-1835) profita de son séjour à Paris pour écrire
les *Puritains*. La *Somnambule*, dont les cantilènes douces et
tendres nous bercent durant trois actes, est le chef-d'œuvre de
cette nature élégiaque.

Donizetti (1798-1848), richement doué sous le rapport mélodique, a eu peut-être le tort d'imiter trop servilement Rossini.
Il écrivait avec tant de rapidité que Fétis assure qu'il instru-
mentait une partition en trente heures. Au lieu d'écrire tant, s'il
se fût appliqué à épurer quelques-unes de ses œuvres principales, comme *Lucie de Lammermoor*, les *Martyrs*, la *Favo-
rite*, quelle place n'aurait-il pas tenue dans l'histoire musicale !
L'art dramatique ne lui doit aucune innovation.

Le dernier représentant de la musique italienne est Verdi,
né en 1814. Ce maëstro a traité surtout des sujets à scènes
brusquées, où les passions éclatent comme un orage inattendu ;
pour y rester fidèle, il dut déployer des qualités ou des défauts

extraordinaires qui jetèrent l'art du chant italien hors de sa voie et l'assimilèrent à l'*urlo francese*, selon l'expression que les Italiens nous ont si souvent jetée à la face. Le propre du caractère de Verdi, c'est de faire vibrer plutôt la fibre nerveuse que les cordes de l'âme. Sa musique est un curieux mélange de beau, de trivial, d'émouvant, de déchirant qu'on croirait emprunté au bizarre procédé d'opposer *le laid au beau*. Dans le *Trouvère*, il y a certains airs de ballet qu'on admettrait à peine dans une opérette, et des mélodies larges et puissantes qui sont coupées de chœurs d'une platitude ou d'une insignifiance inacceptables.

On a comparé quelquefois Verdi à Victor Hugo. S'en est-il assimilé le style en mettant *Ernani* en musique ? On trouve effectivement dans les œuvres de ces deux maîtres un certain air de parenté : du coloris, des contrastes heurtés, des phrases écourtées et brisées, un style tendu ; avec cela, un instinct du rhythme qui marque la mélodie au coin de l'originalité ; des successions d'images ou de nuances qui vous impressionnent, mais vous fatiguent par ce qu'elles ont d'imprévu ; de brillantes couleurs enfin, mais un peu tapageuses et jetées prétentieusement sur un fond assez pauvre. Tous les deux, l'un dans le drame, l'autre dans l'opéra, finissent par exiger de leurs interprètes des efforts et des effets exagérés.

Si Verdi, nous allions dire Victor Hugo, jouit encore d'une réputation immense, c'est que le génie de la musique italienne a replié ses ailes. L'école des Cimarosa, des Piccini, des Sacchini est fermée, et le goût national des habitants de la Péninsule a changé d'objet. Est-ce que l'Italie, la terre classique du madrigal et de l'intrigue amoureuse, s'est lassée d'entendre les douces cantilènes auxquelles elle prêta si complaisamment et si longtemps l'oreille ? Veut-elle des chants aux allures plus énergiques, aux cadences plus accentuées ? Le souffle de liberté que nous avons senti passer dans les œuvres de Beethoven va-t-il

donc réchauffer ou ramollir peu à peu toutes les nations, et
peut-on dire que l'école romantique embrassera désormais
toute l'Europe ? Verdi est, dans ce cas, celui qui aura porté le
premier coup au génie musical de l'Italie. On sent déjà dans
son *Aïda* l'influence trop prononcée de l'école nouvelle, l'invasion du wagnérisme, cette pieuvre musicale qui absorbera
bientôt toute la mélodie au profit du rhythme et de l'harmonie.
Otez la *romance du ténor* au premier acte, le *final* du deuxième
et les *duos* du troisième, *Aïda* n'est plus qu'une œuvre tourmentée, un amas de récitatifs pénibles, enchâssés dans une
orchestration du plus arrogant despotisme.

III

ÉCOLE ALLEMANDE

Beethoven avait créé l'épopée en écrivant la *Bataille de
Vittoria*, la *Symphonie pastorale* et celle en *ut mineur.* L'imitation de ce genre descriptif devait ouvrir la porte au romantisme. Le premier qui se lança dans la voie fut Weber (1786-
1826). Après des essais plus ou moins réussis, ce musicien dota
son pays d'un opéra vraiment national, le *Freyschütz. Freyschütz* est allemand par le sujet et par le style ; il est, de plus,
le type du romantisme par l'emploi nouveau des instruments
à vent, par la part faite à la fantaisie, et par la peinture de la
nature extérieure. Berlioz affirme avec quelque raison qu'il y
a peu de partitions « aussi irréprochables, aussi constamment
intéressantes d'un bout à l'autre, dont la mélodie ait plus de
fraîcheur dans les formes diverses qu'il lui plaît de revêtir,
dont les rhythmes soient plus saisissants, les inventions harmoniques plus nombreuses, plus saillantes, et l'emploi des
masses de voix et d'instruments plus énergique sans effort, plus
suave sans afféterie ». L'ouverture, dans laquelle l'auteur a

introduit un des motifs de l'ouvrage (c'est ce qu'on a imité de nos jours jusqu'à l'abus), est un chef-d'œuvre du genre. La *valse*, le grand *air de Max*, la ronde en *si mineur*, le duo des *deux cousines*, plein d'oppositions charmantes, le *chœur des chasseurs*, sont autant de pages immortelles qui définissent parfaitement le style romantique. Dans *Oberon* et *Preciosa*, les mêmes tendances au genre pictural se font aussi remarquer. Que de chefs-d'œuvre n'aurait pas enfantés la riche organisation de Weber, si elle n'eût été brisée par la mort !

Enfin, le voilà créé cet opéra dont l'Allemagne cherchait vainement le type et le moule depuis Keiser ! L'étude du style de Weber et surtout l'individualité toute germaine de *Freyschütz* dessillèrent aussitôt les yeux des *dilettanti* et des savants allemands. Ils ne furent pas longs à se persuader que leur race avait une nature propre, un tempérament bien caractérisé, et qu'il serait facile de lui trouver des ancêtres. De là à fouiller dans le passé et à découvrir la valeur de certaines œuvres qui avaient passé inaperçues, il n'y avait qu'un pas. C'est ainsi que fut ressuscitée la mémoire de Sébastien Bach.

Mendelssohn (1809-1847) est un des premiers génies enfantés par cette ardeur du patriotisme musical. Rompu de bonne heure à toutes les difficultés du contrepoint, imbu de toutes les traditions laissées par le maître de Leipzig, et doué d'une imagination vive, Mendelssohn devait attacher son nom à l'histoire de la musique. Toutefois, ce n'est pas vers la scène qu'était porté cet esprit sérieux. Ses opéras ont peu de valeur, mais ses *trios*, ses *quatuors*, son *concerto en sol mineur* et surtout sa *sonate pour piano et violon* (op. 4) sont des œuvres exquises. Ses ouvertures : le *Songe d'une Nuit d'été*, la *Grotte de Fingal*, la *Mer calme* et l'*Heureux retour*, la *Belle Mélusine* et *Ruy-Blas* renferment des idées d'une grande originalité et une orchestration d'un coloris pittoresque. L'auteur y paie un large tribut au style romantique, mais sans franchir les bornes qui s'imposent à l'art dans le genre descriptif. Ses *Lieder* pour piano sont de ravissantes petites pièces, composées d'un seul motif et développées avec science et goût, surtout *Chanson de Printemps* et *Fileuse*, qui sont dans les doigts de tous les pianistes. Mais Allemand dans toute la force du terme et poussant l'infatuation du style national jusqu'à mépriser toute œuvre qui ne portait pas le sceau germanique, Mendelssohn devait tomber dans les abus qui ternirent l'éclat du génie de Beethoven. Il ne sut tirer aucun profit de son séjour en Italie, en France et en Suisse ; loin de retremper la sève mélodique de son imagination, ces voyages, l'amour-propre national aidant, en tarirent à demi la source. C'est surtout dans ses *symphonies* que l'usage abusif des cadences rompues et des marches risquées de septièmes diminuées jette sur bien des pages la monotonie et la confusion.

Et ce sont ses symphonies les plus nébuleuses qui furent de son temps et qui sont encore les plus prisées de ses compatriotes ! On dirait qu'il y a chez eux, je ne dis pas chez nous, un parti pris d'estimer une œuvre musicale d'autant plus qu'elle renferme plus de choses incohérentes.

A côté de Beethoven et Mendelssohn, il est un nom moins sonore peut-être, mais qui a sa place ici : c'est Schubert. Schubert (1797-1828), musicien-touriste, qui voyageait avec le chanteur Vogl pour faire entendre ses *Lieder*, pourrait s'appeler le dernier des Minnesinger. Le *lied* de Schubert appartient au genre romantique. Il est l'expression naïve d'un sentiment unique, amour ou peine, joie ou souffrance, et la mélodie pourrait se passer du secours de l'harmonie. Néanmoins un accompagnement d'un rhythme toujours en rapport avec l'idée, soutient la phrase d'un bout à l'autre et contribue puissamment à l'effet général. Chaque *lied* de Schubert a ainsi un caractère spécial qui le différencie de la romance française, commençant uniformément en mineur pour finir en majeur, et s'étayant sur un banal accompagnement.

Malgré leur tendance au romantisme, les œuvres de Mendelssohn et de Schubert parurent insuffisantes aux esprits d'outre-Rhin, que la politique échauffait et qui cherchaient de plus en plus à renverser les doctrines admises. Schumann, musicien et critique à la fois, rallia autour de lui, par sa plume mordante et tournée au vent d'alors, quantité de *dilettanti* prêts à applaudir à ses vues musicales nouvelles, autant qu'à son esprit hardi et aventureux. Il fonda un journal de musique, *Neue Zeitschrift für Musik*, et, soutenu dans ses efforts, il contrecarra ouvertement les opinions de la *Gazette musicale* de Leipzig. Son but apparent était de rabaisser les véritables chefs-d'œuvre du passé, au profit des pages obscures de quelques compositeurs allemands et, en particulier, de Beethoven.

Passant ensuite de la théorie à la pratique, il rêve d'éclipser, dans ses productions personnelles, les gloires les plus pures en tous genres. C'est ainsi qu'il cherche à peindre, par le rhythme musical, les pochades de Callot (1), en écrivant la suite intitulée : *Coquette, Florestan, Arlequin et Colombine.* Il veut rivaliser de fraîcheur et de jeunesse avec l'infatigable Ludwig Richter, dessinateur contemporain, en dessinant lui aussi, avec des notes, des scènes d'enfants (op. 15, n° 5); enfin, il aspire à imiter l'inimitable Gœthe, en burinant en musique les types de Méphistophélès, de Faust et de Marguerite. Tour à tour emporté et tendre, fier et modeste, Schumann a écrit des choses charmantes toutes les fois qu'il s'est conformé aux règles de la logique naturelle ; mais, quand il s'en écarte, ses pages prennent une contexture si nébuleuse et un rhythme si vague, notamment dans *Manfred* et dans *Geneviève*, qu'il rappelle tout à fait les dernières œuvres de Beethoven et de Mendelssohn, et peut, à bon droit, passer pour un des plus actifs promoteurs

(1) Dessinateur dans le genre grotesque, né à Nancy en 1593, mort en 1635.

de l'école nouvelle qui se qualifie prétentieusement d'*école de l'avenir*.

A notre avis, l'obscurité qui règne dans la musique de nos jours vient surtout de ce que les compositeurs cherchent à résoudre un problème impossible, savoir : rendre par la musique les moindres détails de la vie matérielle, comme les nuances les plus délicates de la passion humaine. Schumann évite quelquefois l'écueil. Ainsi en mettant en musique le *Faust* de Gœthe, il a su choisir des traits que le génie de la langue qu'il emploie permettait de définir. Il s'est attaché à faire jaillir des sentiments tendres et délicats, à travers lesquels percent le trouble pudique de Marguerite et les désirs ardents de Faust ; il a laissé presque dans l'ombre le personnage de Méphistophélès, que Gounod a conduit sur la scène et dont il n'a fait qu'un bon diable, indigne d'être comparé à celui de Gœthe, non plus qu'au Bertram de Meyerbeer.

C'est à Schumann qu'il faut attribuer, à moins que ce ne soit à Chopin, ce croisement de rhythmes contraires qui donne à la phrase une allure indécise, qui la poétise et qui permet à la pensée de parcourir les horizons les plus lointains. L'adagio de son quintette, par exemple, est une vraie marche funèbre, dans laquelle règne un sentiment prolongé de souffrances qui se heurtent et s'entrelacent, sans se confondre ; on y reconnaît le cachet de mélancolie qui caractérise les inspirations de Chopin (1). On sait, d'ailleurs, qu'il enviait le style si person-

---

(1) Outre des mélodies d'une fraîcheur sans pareille, des innovations de rhythme et d'harmonie généralement du meilleur goût. l'art doit à Chopin ces élégantes cadences par ellipse qu'on n'avait même pas entrevues avant lui et dont voici un exemple :

au lieu de

nel de ce pianiste virtuose, dont les doigts traçaient sur le clavier les mélodies fiévreuses de son pays, en charmant l'Allemagne, l'Angleterre et la France. .

Si la musique romantique doit beaucoup de reconnaissance à Schumann, l'opéra ne lui doit rien. Il tenta, il est vrai, dans sa *Geneviève,* de se montrer réformateur du style scénique ; malheureusement cet ouvrage appartient à cette phase de sa vie où sa raison s'obcurcissait déjà, et si, dans cette production, comme dans le *Paradis et la Péri,* on trouve une grande variété de rhythmes et une grande richesse de coloris, les longueurs y abondent, aussi bien que les intonations hasardées. Les œuvres littéraires que Schumann aimait à méditer ont bien pu réagir d'une manière fâcheuse sur son cerveau : se complaire dans la lecture de l'*Hesperus,* la *Palingénésie* et surtout *Du choix parmi les papiers du Diable,* n'est-ce pas pousser son esprit sur une pente fatale ? Les hallucinations intermittentes, au milieu desquelles il était forcé d'écrire, rompirent l'équilibre de ses facultés intellectuelles et le précipitèrent au tombeau.

Richard Wagner, né en 1813, est le continuateur des réformes scéniques entreprises par Schumann. Un musicographe contemporain, Félix Clément, a dit très-judicieusement : « A combien d'artistes secondaires n'arrive-t-il pas de transformer leur impuissance en génie et d'ériger en système les lacunes de leur organisation ! » Ces paroles sont applicables à l'homme dont nous allons examiner sommairement les travaux dramatiques, seul genre dont il se préoccupe réellement.

Avant de s'adonner à la musique, Wagner se livrait à la poésie et il avait fait sa première tragédie, quand l'audition d'une symphonie de Beethoven lui révéla sa vraie vocation. D'après lui, « la musique est femme ; elle est amour et son unique rôle est d'aimer, de s'abandonner sans réserve à celui qu'elle a choisi. La femme n'acquiert le plein développement de son être qu'au moment même où elle se donne ; comme la

nymphe des eaux errante dans le silence des forêts, elle n'a
d'âme que du jour où elle est aimée... Elle doit se sacrifier, c'est
sa loi, sa destinée ; celle-là n'aime pas dont l'amour ne va pas
jusqu'au sacrifice. » Et quel est donc l'époux auquel la femme
doit se sacrifier ? Le poème. Le librettiste est roi, et le compositeur musical son esclave. Pour convaincre les esprits de la
justesse de son principe, Wagner se dit le continuateur des
doctrines de Glück. Comme il lui est bien supérieur, croit-il, par
le génie scénique, en faisant représenter *Alceste* sur le théâtre
de Dresde, il a soin de supprimer çà et là des airs et des phrases qui ne lui paraissent pas conformes à l'ensemble de son
système.

On le voit, Wagner déclare la guerre à la mélodie, à cette
cantilène qui charme l'oreille, parce qu'elle absorbe nos sens
au détriment de l'attention que réclame la poésie, parce qu'elle
est, en un mot, anti-naturelle à l'expression de la pensée, d'après
son principe esthétique, qui est *le vrai*. Il n'admet que le récitatif, sorte de déclamation convenant bien, dit-il, au drame. Il fait
néanmoins des concessions aux chœurs, cette expression des
sentiments du peuple. Il aime également une mélodie, celle
qu'il appelle « mélodie des forêts » et « qui doit d'abord produire dans l'âme une disposition pareille à celle qu'une belle
forêt produit, au soleil couchant, sur le promeneur qui vient
s'y dérober au bruit de la ville ». Cette mélodie est celle des
voix des gracieux chanteurs de la forêt. Wagner les remplace
au théâtre par l'ensemble symphonique qui devient une nécessité fondamentale pour son système. Repoussant la cantilène
italienne qu'il déteste, et même la véritable mélodie allemande
qu'il méprise, le réformateur est forcé, pour soutenir l'intérêt de
ses opéras, de faire appel à toutes les combinaisons de rhythmes,
à toutes les sonorités imaginables, à la prodigalité des accessoires et à un déploiement fantastique de décors et de mise en scène.
Les néologismes musicaux les plus hasardés et du goût le plus

douteux lui paraissent aussi indispensables que les plus douces consonnances, pour jeter *du charme* dans l'orchestration. Il semble, en un mot, dénier à l'art la nécessité de la tonalité, du rhythme périodique et de la résolution des dissonnances d'après les principes établis jusqu'ici.

Mais, dira-t-on, l'école de Wagner ne peut faire des prosélytes ! Il soutient des principes contestables qui s'évanouiront avec lui, et, nouveau Samson, il sera enseveli sous les ruines de son édifice ! Au contraire, les disciples de ce réformateur, de ce *maudisseur* de mélodies, ne manquent point, et leur nombre s'accroît de·jour en jour. Pourquoi ? Parce que, au milieu de son fatras musical, au milieu de ces harmonies risquées, de ce dédale rhythmique, il se trouve des pages vraiment heureuses, perles égarées au milieu du désordre général, qui brillent d'un éclat d'autant plus vif qu'elles sont entourées d'objets plus insignifiants ; parce que, à côté de défauts sans nombre, il y a cependant certaines qualités précieuses qu'on ne peut nier ; parce que la voie qui est ouverte est nouvelle et que l'*inconnu attire ;* parce que, enfin, Wagner, exagérant les vues de Beethoven, affecte de donner le rôle principal du drame à l'horchestre, et cela précisément à une époque où les chanteurs deviennent de plus en plus rares et les virtuoses plus nombreux. Brahms, Max Bruch, Saint-Saëns, Lallo et même Gounod ne manquent pas d'applaudir aux innovations du Germain et quelquefois de les imiter. Tout récemment Saint-Saëns a fait représenter un opéra wagnérien, *Étienne Marcel,* dans lequel la méthode d'outre-Rhin a été suivie de point en point, sauf un seul : l'auteur s'est laissé entraîner à écrire un ballet, le cauchemar du musicien de l'avenir ! Or, on peut affirmer que c'est le ballet qui a soutenu cet opéra pendant une trentaine de représentations. La mélodie vocale y est presque partout sacrifiée aux dessins d'orchestre ; ce n'est guère qu'au cinquième acte que l'auteur s'est décidé à donner au ténor une phrase *ita-*

lienne : « Je crois, j'attends, j'espère ». Le duc entre Béatrix et
Robert, au deuxième acte, n'est qu'une suite de mélopées assez
décousues, où les cadences rompues désorientent le sentiment
mélodique. L'ouvrage offrait cependant plus d'une occasion de
donner libre cours à la cantilène. Au lieu du récitatif que psal-
modie le dauphin au deuxième acte : « Parfois je songe à ma tristesse » et celui que maugrée Étienne Marcel, au quatrième, une
phrase chantante et expressive aurait été si bien placée ! Mais non,
c'est de parti pris que la mélodie semble repoussée par M. Saint-
Saëns. Toutes les fois, au contraire, que l'orchestre se montre
seul, il étale des périodes d'un beau souffle et d'une grande
puissance : la marche du cortége des échevins, le prélude du
deuxième et du quatrième acte en sont des exemples. Il faut
l'avouer, M. Saint-Saëns connaît merveilleusement toutes les ressources orchestrales. Il y a tels dessins d'accompagnement qui
prouvent surabondamment avec quelle facilité il sait mettre en jeu
tous les instruments, faire parler tous les timbres. Mais il tient
à rester fidèle à l'école wagnérienne, à cette éccle où l'on oublie
que ce n'est pas le vrai *tel qu'il est*, mais le vrai *tel qu'il peut
être*, c'est-à-dire *le beau vrai,* qui doit être représenté par l'art,
comme s'il existait réellement et avec toutes les perfections ; à
cette école, qu'on pourrait nommer l'*école du passé* aussi juste-
ment que celle de l'avenir, car l'histoire nous a montré plus d'une
fois les artistes, peintres, musiciens ou poètes, sacrifiant dans
leurs œuvres le beau au vrai, l'idéal au réel. M. Saint-Saëns se
trompe cruellement pour sa gloire ; le meilleur moyen, comme
l'a dit Gœthe, d'être lu et admiré en tout temps et en tout
pays, « c'est d'être profondément de son temps et de son
pays ».

IV

ÉCOLE FRANÇAISE

Depuis la Révolution de 89, les maîtrises de France avaient disparu et le Conservatoire, dont la fondation date de 1795, était appelé à remplacer les écoles cléricales où se recrutaient auparavant les chanteurs et les musiciens. Auber fut un des premiers élèves de ce lycée musical, qui a donné une si grande impulsion à l'art français. Les œuvres d'Auber, on l'a dit souvent, sont le type de la musique française par la fraîcheur, l'élégance et la clarté. La mélodie y abonde ; elle est toujours jeune, gaie et sémillante, et se laisse goûter par les esprits les plus difficiles et les plus prévenus contre l'opéra-comique. Il ne faut pas toutefois demander à Auber l'exacte peinture des sentiments, non ! Excepté dans la *Muette*, dont le rhythme et l'accent de l'orchestration expriment bien les paroles qu'on voudrait voir sortir de la bouche de Fenella, les couleurs manquent généralement à sa palette pour rendre les grandes passions ; son harmonie est simple, ses rhythmes sont peu nouveaux, mais, en revanche, il n'est jamais trivial, et s'il n'a à peu près rien inventé, il s'est toujours soutenu et se soutiendra longtemps encore à la scène, grâce à la coquetterie de son style.

Nous passons sous silence Adam (1803-1856) et Boïeldieu (1775-1834) ; ce ne sont pas là des novateurs, mais de gracieux musiciens qui ont enrichi le répertoire de l'opéra-comique de quelques œuvres, remarquables seulement par le goût.

Un autre élève du Conservatoire, Hérold (1791-1833) a illustré aussi l'opéra français. Sa mélodie a plus d'originalité et de sentiment que celle d'Auber, son instrumentation est plus colorée et plus riche d'harmonie ; la clarté n'y fait nullement défaut et, quoique d'origine germanique, Hérold est tout Français par son style.

Voici encore un Franco-Germain qui a porté à son comble la richesse de l'orchestration, la science de l'harmonie, l'invention des rhythmes les plus variés et même les plus bizarres, sans manquer d'ampleur dans la mélodie : c'est Meyerbeer (1794-1864). Emule de Weber, comme lui élève de l'abbé Vogler, Meyerbeer fut attiré vers la scène, sur laquelle l'étoile de Rossini brillait d'un vif éclat, par la soif de la renommée. Les fortes études d'harmonie qu'il avait faites, et son style, au fond tout allemand, quoi qu'en disent certains musicographes français, devaient imposer à notre scène des modifications importantes. A l'apparition de *Robert le Diable*, en 1831, quand on entendit : *Jadis régnait en Normandie ;* la romance de *Va, dit-elle, mon enfant ;* la sicilienne : *O fortune, à ton caprice* ; la *valse infernale* avec son harmonie étrange ; le duo : *Si j'aurai ce courage ;* l'invocation de la *scène des nonnes ;* cet air si pathétique : *Robert, toi que j'aime,* et le *chœur des moines,* où la justesse de l'expression le dispute à la noblesse de la mélodie et à la saveur du rhythme, le public sentit que l'opéra élargissait sa voie, les musiciens déclarèrent que Meyerbeer venait d'implanter sur notre scène cette science de l'harmonie qui n'avait pas osé jusque-là abandonner le domaine de la musique classique.

Ce maître est, en effet, d'une profondeur savante, inconnue avant lui au théâtre. Il recherche en tout et pour tout l'expression vraie du sentiment, et il la rend plutôt par l'accompagnement que par la mélodie elle-même. En cela, il est le fidèle continuateur des vues de Beethoven ; mais il a sur lui l'avantage de l'esprit dramatique. Robert, Bertram, Alice, sont des types marqués d'une empreinte indélébile, des personnages devenus populaires partout où se joue l'opéra.

Meyerbeer affectionne, au théâtre, les situations compliquées : il lui faut des scènes comme la fin du quatrième acte des *Huguenots,* la *séance du conseil* au premier acte de l'*Africaine,* le *septuor* du second acte, les chœurs d'hommes et de femmes du troisième. C'est dans ces conditions difficiles qu'éclate tout son talent, car il est passé maître dans l'art de peindre en même temps les sentiments les plus divers, les caractères les plus opposés. Aussi les matériaux qu'il emploie sont-ils multiples : chœurs d'hommes et de femmes, du peuple, de soldats, d'enfants, de seigneurs, d'étudiants ; il n'oublie rien et rehausse cet ensemble de tableaux scéniques par une instrumentation incomparable en sonorités de tout genre, en oppositions des plus saisissantes. Quant aux rhythmes, personne n'en a peut-être trouvé de plus neufs et de plus frappants, pas même Rossini, pour qui cette question était capitale ; et on se demande s'il est encore possible de glaner quelque chose de nouveau en ce genre, après Meyerbeer. Son *Étoile du Nord*, par exemple, est, en fait de combinaisons de rhythmes et d'harmonies, un magique kaléidoscope musical.

Doué de tant de qualités et surtout de cette patience raisonnée qui l'empêche de rien livrer au hasard, comment se fait-il que Meyerbeer n'ait pas fait école ? Certain critique répondra qu'il n'est pas novateur, qu'il n'a rien inventé, et qu'il s'est servi judicieusement de tous les matérieux assemblés par Rossini. Nous dirons simplement qu'il est inimitable. Le propre des œuvres de Meyerbeer est le style mesurément haché ; or, rien n'est moins imitable que ce style. On ne trouve pas chez lui les modulations coulantes de Bach et de Mozart, la gradation dans le coloris qui nous entraîne, à notre insu, loin du ton principal. L'auteur des *Huguenots* et de l'*Africaine*, à la faveur de l'enharmonie, nous emporte dans les régions les plus éloignées, avec une hardiesse qu'on sent et à laquelle on a besoin de s'habituer avant de se décider à le suivre. Ce goût pour les modulations enharmoniques est tellement ancré chez lui, qu'il tourne parfois à l'abus : en entendant l'*Africaine* pour la première fois, au Grand-Opéra, nous avons pu croire à une plaisan-

terie enharmonique. Cet artifice, employé surtout dans la mélopée, donne à l'œuvre de Meyerbeer un tel cachet de personna-
lité, que vouloir l'imiter serait d'avance se déclarer plagiaire,
tant il serait difficile de ne pas le faire servilement !

La noblesse et le sentiment dans la mélodie, joints à l'expression vraie, sont probablement la source de la popularité de
Meyerbeer. *Plus blanche que la blanche hermine*, le duo du
quatrième acte des *Huguenots*, l'air du *Sommeil* de l'*Africaine*,
celui de Nélusko, et tout ce que nous avons cité plus haut de
Robert le Diable le démontrent surabondamment. Nous pouvons
donc conclure que si Meyerbeer n'a pas fait école, s'il reste un
type à part, c'est qu'il est à la scène ce que Beethoven est à la
musique classique, ce que fut César à l'empire romain, c'est-à-
dire qu'il a tellement étendu les limites de son domaine que son
immensité ne pourra plus tenter que l'invasion des barbares.

Les barbares se nomment Wagner, Brahms, Max Bruch, etc.
Ils devraient savoir gré à Meyerbeer d'avoir trouvé la caractéristique de leur école, et d'en avoir tenu compte dans une certaine mesure ; c'est précisément cette mesure qu'ils blâment,
et, s'ils n'osent pas attaquer les peintures de premier ordre
qu'on admire dans ses œuvres, ils se sont acharnés à démontrer
l'inopportunité de certains tableaux, tels que la *scène des bai-
gneuses* dans les *Huguenots* et la *danse des nonnes* dans *Robert
le Diable*, s'appuyant toujours sur ce faux principe que « l'opéra
doit avant tout viser au vrai ». Ils soutiennent prétentieusement que le règne de Meyerbeer est fini, que le triomphe du
wagnérisme est assuré, que Berlioz dans la tombe entend
déjà applaudir des œuvres qui, de son vivant, n'ont excité qu'un
béat étonnement. Il est vrai que Berlioz a profondément accentué dans l'école française la tendance au romantisme. Il est vrai
aussi que le domaine de l'art s'est toujours élargi par le dédain
des règles connues : nous l'avons reconnu avec Gabrieli,
Monteverde, Glück, etc. Mais encore faut-il, pour qu'une inno-

vation soit admise, qu'elle ait un autre mérite que celui de
contrarier les règles établies, il faut qu'elle puisse devenir règle
à son tour. Berlioz a méconnu ce principe, et c'est pour l'avoir
méconnu qu'il est devenu, en France, le pendant de Wagner,
en Allemagne.

Parcourant la Russie, l'Allemagne et l'Angleterre, Berlioz
put organiser des concerts avec des orchestres monstres, les
seuls capables de rendre ses œuvres. Mais, s'il a rencontré des
admirateurs pour son ouverture des *Francs-Juges*, pour la
Symphonie fantastique, pour *Roméo et Juliette*, pour le *Retour
à la vie*, etc., etc., les masses lui ont constamment marchandé
les applaudissements. Pourquoi ? Parce que Berlioz pousse
tellement loin le principe de l'imitation de la nature et sait si
peu relier ensemble les diverses périodes de ses compositions,
qu'elles manquent totalement d'unité et nous font l'effet de ces
étoffes composées de mille pièces différentes par le dessin et la
couleur.

On aime assurément dans toute musique à comprendre le
but du compositeur, son intention générale, mais c'est à l'imagination à faire les frais des détails, et on se refuse à comprendre que tel effet d'orchestre signifie plutôt telle chose que telle
autre. Les masses principalement ne s'y trompent pas. Ainsi
Berlioz a exprimé ou cru exprimer en musique les choses les
plus bizarres, les plus incroyables, comme, par exemple, le
galop de deux chevaux *noirs* dans un passage de son *Faust* ;
mais quelqu'un a-t-il saisi ce détail ? Aujourd'hui que la mode
est plus que jamais à l'excentrique, les œuvres de Berlioz trouvent grâce devant le public et deviennent même la partie subs-
tantielle des grands concerts de notre capitale. Mais, en définitive, l'œuvre de Berlioz résume simplement l'effort d'un grand
musicien à la recherche de la pierre philosophale.

Heureusement pour l'art, le style de ce compositeur a trouvé,
en France, peu d'imitateurs. Félicien David a marché sur ses

traces, mais avec une extrême réserve, ne tirant de ses œuvres que le parfum seulement. Son *Désert* en est en quelque sorte embaumé. Tant que l'imitation et la peinture de la nature seront aussi finement rendues, nous pouvons y applaudir sans réserve.

Nous ne dirons rien d'Halévy (1799-1864), attendu qu'il n'a rien ajouté à l'art. Tout en reconnaissant beaucoup de talent à ce compositeur, tout en professant une grande estime pour sa *Juive*, nous ne le considérons pas comme un novateur, pas même comme un musicien de verve originale, à cause de sa manie de la phrase dite *carrée*. La musique d'Halévy est mono-tone, par suite du retour périodique du rhythme de mesure; on pourrait dire de lui qu'il est un *phraseur*. Il a fait cependant une tentative dont il faut lui tenir compte, celle qui eut pour but, dans son *Prométhée enchaîné*, de rappeler le genre enhar-monique des Grecs. Cet essai ne réussit point, vu la difficulté de faire rendre avec justesse les quarts de ton aux instruments à cordes.

Un article de l'*Athenœum* (1851) disait de Gounod, à propos de quatre compositions qu'il venait de faire entendre à Saint-Martin-Hall, à Londres : « Cette musique ne nous rappelle aucun autre compositeur ancien ou moderne, soit par la forme, soit par le chant ou l'harmonie; elle n'est pas nouvelle, si *nou-veau* veut dire bizarre ou baroque; elle n'est pas vieille, si *vieux* veut dire sec et roide, s'il suffit d'étaler un aride échafaudage derrière lequel ne s'élève pas une belle construction : c'est l'œuvre d'un artiste accompli, c'est la poésie d'un nouveau poète. »

Ces paroles sont très-justes, et, au théâtre, Gounod eût été ce que Chopin fut au piano, c'est-à-dire un vrai poète, s'il n'avait essayé d'assimiler à son tempérament original et primesautier un peu de cet esprit d'outre-Rhin qui est venu plus d'une fois contrarier son style et arrêter l'élan de ses plus belles inspirations. En effet, les cantilènes de Gounod sont, en général, plutôt des mélopées que de pures mélodies, par suite de ce parti pris de mettre, selon l'école allemande, les développements dans l'accompagnement, et de ne donner à la partie vocale que les grandes lignes. Il y a, dans son *Faust*, des pages mélodiques d'une suavité exceptionnelle, mais souvent les détails en sont longs, quelquefois monotones.

Ainsi, la phrase charmante : *Salut, demeure chaste et pure*, fait espérer une cantilène d'un souffle à la Mozart; malheureusement l'hémistiche vocal fuit sous les répliques d'un violon solo, qui l'absorbent en le délayant d'une façon peu intéressante. Il en est de même de celui-ci : *Ah ! laisse-moi contempler ton visage.* A côté de ces diamants à demi ciselés, on remarque des beautés de premier ordre : le *duo* du premier acte, la *valse chantée*, la *marche des soldats*, pourraient à eux seuls justifier les lignes élogieuses de l'*Athenæum* et démontrer la grâce de la mélodie, la perfection de l'harmonie et la fermeté du rhythme, dont Gounod peut disposer tour à tour. D'ailleurs, le caractère naïf de Marguerite est assez bien rendu dans la romance du *roi de Thulé*, dans l'*air des bijoux ;* si Faust est un amant qui ne sort guère de l'ordinaire, et Méphistophélès un faible type, comparé au Bertram de *Robert le Diable*, c'est que, en vérité, pour traiter un sujet comme Faust, pour lutter avec le poète inspirateur du libretto, le tempérament de Gounod était d'une force à peine suffisante. Mozart, sans doute, et peut-être Meyerbeer, aurait pu assumer une telle responsabilité.

Gounod s'est aussi essayé dans le genre italien et n'a pas craint de se mesurer avec les meilleurs compositeurs de cette école. La partition de *Roméo et Juliette*, malgré ses faiblesses, respire toujours l'harmonie douce qui fait le fond du talent de l'auteur; on y retrouve ces mélopées vagues et mélancoliques, que cherchent à imiter les compositeurs actuels. En accordant quelque chose aux exigences de l'école de Schumann et surtout de Wa-

gner, Gounod a conservé cette élégance et ce goût exquis, qui
caractérisent chacune de ses œuvres ; en se faisant l'écho des
mélodies d'Italie, il évite de tomber dans les lieux communs
qui déparent toutes les productions de ce pays. Pour n'en citer
qu'un exemple, il a été le premier à repousser cette terminaison
de phrase qui consiste à retarder la quinte par la sixte, dans
l'accord de septième dominante :

s'il l'emploie, il a soin de la modifier ainsi :

On peut même dire que cette formule est caractéristique de
son style. Ajoutons que Gounod est un musicien sérieux, profond, ayant fouillé les classiques, ayant absorbé le suc fortifiant
des œuvres de Bach, si bien que chacun de ses ouvrages porte
un cachet de valeur intrinsèque, capable de résister au souffle
capricieux de la mode.

Gounod est donc l'une des grandes figures de notre époque,
et parmi les compositeurs actuels, il tient en France le premier
rang. Son style n'est ni italien, ni allemand ; s'il emprunte aux
prétendus soleils des nations voisines les rayons qu'il croit
nécessaires à réchauffer sa verve, il ne perd pas de vue les trois
qualités essentielles établies par Lulli : *goût, grâce, clarté*. Le
goût et la grâce ne lui font jamais défaut, nous l'avons vu ;
quant à la clarté, s'il a parfois des tendances à l'oublier, il se
rappelle bien vite à l'ordre, pour rester Français.

En résumé, le rhythme n'a rien gagné spécialement avec Gounod, mais la mélodie a trouvé chez lui une parure presque toute neuve, et l'harmonie, des hardiesses et des licences qui ont arrondi le domaine de l'art. C'est surtout dans les harmonies passagères que ces innovations sont fréquentes et heureuses.

Il est juste, avant de finir, d'adresser des éloges à un jeune compositeur, auquel l'Institut vient de faire un gracieux accueil, hommage rendu à un représentant de la mélodie: c'est Massenet. Dans plusieurs œuvres religieuses, ce musicien a prouvé qu'il avait puisé la science à bonne source, et, si parfois il manque de force, si le fond de son caractère est le mysticisme, ce *vague* qu'on reprochait à Gounod au début, le *Roi de Lahore* prouve qu'il y a dans Massenet l'étoffe d'un vrai compositeur, et la musique, fût-elle à l'hiver de sa vie, pourra jouir, grâce à lui, d'un beau soir d'automne.

V

MUSIQUE RELIGIEUSE

L'étude des progrès de la musique religieuse, depuis le XVIᵉ siècle, peut se résumer dans le *Stabat* de Palestrina, celui de Pergolèse, qui parût plus d'un siècle après, et celui de Rossini, qui fut publié en 1841.

Nous avons dit (2ᵉ partie, chap. 1ᵉʳ, § 2) que Palestrina peint tout à peu près sur le même plan, parce que sa palette manque des couleurs voulues pour exprimer les tons divers : sombre, clair-obscur, teintes éclatantes. Son *Stabat* est, comme ses motets, un tableau parsemé d'harmonies douces, simples, ne s'écartant pas de la tonalité du plain-chant, même dans les passages les plus pathétiques du drame religieux.

Pergolèse, qui avait à sa disposition toutes les richesses har-

moniques propagées par Monteverde, put procéder d'une
autre façon. La langue qu'il parle n'est plus celle d'un enfant
qui prie et exhale les aspirations d'un cœur virginal ; c'est celle
de l'homme fait, du pécheur qui connaît le monde, en a étudié
la vie, s'est désaltéré à la source amère des plaisirs et finalement se retourne vers l'auteur de toutes consolations. L'harmonie de Pergolèse est donc tour à tour ingénue et persuasive,
tendre et dramatique. On y trouve des alternatives de calme et
d'emportement, des sanglots déchirants et des cris de joie exu-
bérante. La première strophe, voilée d'une tristesse profonde,
laisse deviner sous ses dissonnances d'octaves retardées par la
neuvième, et de tierces retardées par la quarte, les angoisses qui
agitent le sein de la mère de Dieu ; le *Cujus animam*, le *Quæ
mœrebat* et le *Quis est homo* sont empreints d'une douleur indéfinissable ; le *Fac ut portem* peint avec énergie les élans de
l'âme d'un chrétien fervent.

Il est regrettable que l'instrumentation n'ait pas offert à
Pergolèse les moyens de compléter la vérité d'expression qu'on
sent dans son œuvre ; le rôle que jouait l'orchestre, à son époque, était encore assez secondaire ; la *Serva padrona* et le
Stabat ne sont accompagnés que d'un quatuor, et aujourd'hui
cette harmonie à deux ou trois parties, rarement à quatre,
semble quelque peu maigre, vu le luxe d'ornements auquel
nous sommes habitués. Néanmoins le *Stabat* de Pergolèse
reste immortel par sa mélodie, par son harmonie et surtout par
les allures du rhythme, qui y sont, comme dans presque toutes les
œuvres de ce maître, particulièrement remarquables. Les compositeurs de musique d'église y trouveront une mine très-riche
d'effets religieusement pathétiques.

Nous savons bien que certains biographes prétendent que ce
n'est pas ainsi qu'on doit traiter le texte sacré, et que, hors de
Palestrina et des compositeurs *alla capella*, il n'y a point de
salut pour la musique religieuse. Elle doit, disent-ils, être

exempte de passion.˙ La musique sacrée serait donc un art con-
damné à s'arrêter aux pieds du fondateur de l'école romaine, et
incapable de s'élever jusqu'aux grands accents dramatiques ?
Mais, d'après le Père Lambillote, dont nous prisons bien haut
le jugement, sinon les fautives harmonies, le cœur de l'homme
peut ressentir de bonnes et de mauvaises passions, et les bonnes
peuvent faire naître en lui, à l'égal des mauvaises, un trouble,
une agitation que la mélodie palestrinienne est impuissante
à rendre, puisqu'elle n'est que l'expression tranquille d'une
âme simple et candide. Le style d'église, pour être complet,
doit donc suivre le courant séculier et, tout en écartant les
effets théâtraux, accorder une place aux richesses de l'harmonie
moderne ; les avantages qu'il peut en retirer sont incontestables.

Au surplus, parcourons une messe d'Haydn, de Mozart, de
Cherubini, nous verrons comment ces trois grands génies
traduisent le texte sacré. Ils font des ressources harmoniques
un emploi tellement judicieux, qu'il est permis de dire que
l'harmonie disssonnante, la même que nous employons au
théâtre, est tout à fait susceptible d'être mise avec succès au
service de l'Eglise triomphante ou souffrante. Leurs messes
sont, en effet, ce qu'il y a de plus parfait dans le genre.

Si les musicographes dont nous parlons plus haut s'atta-
quaient au *Stabat* de Rossini, nous comprendrions leur désespoir ; car, nous le demandons à tout homme sensé, y a-t-il dans
la partition de cette œuvre une phrase qui exprime tant soit peu
le sens des paroles ? La musique de Palestrina est d'une couleur
uniforme, c'est vrai ; qu'il ait à traduire *Dùm emisit spiritum*
ou *Inflammatus et accensus,* c'est tout un pour lui ; mais il ne
sort pas de la teinte religieuse, tandis que Rossini ne sort pas
du théâtre (1). Son *Cujus animam* est évidemment un morceau

(1) Dans sa messe, Rossini a tempéré un peu plus son style de coulisses : il y a au *Gloria* et à l'*Agnus*, entre autres, des phrases qui se rapprochent assez du style d'Haydn.

d'une grande portée mélodique, qu'on a arrangé pour toutes
sortes d'instruments et que nous avons entendu, avec un
extrême plaisir, jouer par les premières musiques militaires de
Paris; mais on n'y éprouve aucun des sentiments en harmonie
avec les paroles. Rossini a écrit *Quis est homo* et *Cujus animam,*
comme il écrirait un madrigal. De plus, il a ajouté à cette dernière cantilène un accompagnement qui est le type du rhythme
des finals scéniques en Italie, et qui double d'un contre-sens le
barbarisme de la traduction musicale.

Depuis cette madrigalesque conception religieuse, les maîtres
de chapelle, français ou italiens, ont puisé à l'opéra beaucoup
de leurs inspirations, et l'on a pu voir sans étonnement des
Mercadante, des Jouve, des Luçon, etc., écrire des messes d'un
rhythme véritablement incongru. Il y a même telle église de
Paris où a pénétré maladroitement le style rêveur de Gounod,
et dont la maîtrise chante mélancoliquement, au lieu de pensées
pleines de grandeur et de majesté, un *Sanctus* panaché d'effets
langoureux (1).

Ce n'est pas seulement la musique religieuse libre qui, sous
l'influence du théâtre, a perdu son caractère propre. Le plain-
chant ecclésiastique est tous les jours dénaturé par les chantres
et par les organistes. Ainsi nous avons entendu, dans une de
nos meilleures chapelles, débuter le *Dies iræ* de la manière sui-
vante :

Di - es i - ræ, di - es   il - la, etc.

Pourquoi ne pas arrêter ces empiètements de la musique

---

(1) En écrivant ces lignes, nous parlons du style scénique de Gounod
et nous n'attaquons pas ses œuvres religieuses, dont quelques-unes ont
un caractère remarquable; telles sont : le *Kyrie* et surtout le *Sanctus* de
sa messe en *ut mineur,* son *Super flumina babylonis* et le final de *Gallia.*

profane sur la musique sacrée ? Pourquoi ne pas trancher les difficultés et lever tous les doutes qui surgissent, à chaque ligne de l'antiphonaire, sur les règles des intervalles ? Il y a des traités de plain-chant et des méthodes d'accompagnement, cela est vrai ; mais leurs auteurs bien souvent se contredisent et restent, partant, sans autorité. Fétis écrit, dans sa méthode élémentaire de plain-chant : « A l'égard de la modulation, l'ap-
« plication de l'harmonie moderne au plain-chant oblige à pré-
« parer des cadences correspondantes à notre tonalité actuelle
« pour tous les repos marqués par des traits verticaux sur la
« portée, ou des modulations incidentes pour les intervalles
« qui ne répondent pas à la tonalité actuelle. L'exemple suivant
« indiquera comment se succèdent les modulations :

Premier Répons des Matines de la Fête-Dieu (1ᵉʳ ton).

immo-la - bit hæ — — — dum

cadence préparée en fa

mul-ti - tu - do fi - li - o - rum

« L'introduction de la tonalité moderne dans l'harmonie qui
« accompagne le plain-chant a fait passer dans celui-ci la note
« sensible aux cadences immédiates. Dans les 1ᵉʳ, 2ᵉ, 3ᵉ et 4ᵉ
« tons, on emploie cette note sensible aux cadences finales,
« lorsque le signe de cette note sensible ne donne point lieu à
« de fausses relations de triton, ou de quarte diminuée, avec
« ce qui précède ou qui suit. »

MM. Niedermeyer et d'Ortigues nous paraissent mieux choisir les harmonies propres à l'accompagnement du plain-chant
(Voir leur traité). Néanmoins leur système réussit mieux en
théorie qu'en pratique. Ils établissent six règles ; les 1ʳᵉ, 2ᵉ, 4ᵉ,

5° et 6° sont assez logiques, mais la 3°, « emploi exclusif des formules harmoniques propres aux cadences de chaque mode », est sujette à contestation ; car, ces formules, choisies assez arbitrairement par les auteurs, sont loin d'être précises et immuables.

M. Lemmens a récemment exposé à Paris, devant un auditoire de musiciens, un nouveau système d'accompagnement du plain-chant. Sa méthode rejette le contrepoint *note contre note* et veut que la mélodie grégorienne soit accompagnée comme un chant séculier, c'est-à-dire qu'elle ait ses notes réelles et ses notes de passage. Malgré les encouragements qui ont été donnés à M. Lemmens, et malgré tout le respect que nous professons pour son mérite, nous sommes fermement persuadé que le génie du plain-chant, si ce genre d'accompagnement est adopté, perdra toute gravité et toute noblesse.

Si donc il nous est permis d'émettre un avis en pareille matière, et ce sera le seul, nous pensons que la section musicale des Beaux-Arts, à l'Institut, pourrait prendre l'initiative, et provoquer la formation d'une commission internationale, pour fixer d'une manière définitive, dans un traité quasi-officiel, les traits qui doivent caractériser le plain-chant et en personnifier le génie. Elle rendrait par là un service signalé à la musique religieuse, sous le triple rapport de l'harmonie, du rhythme et de la mélodie.

CONCLUSION

La musique religieuse, la musique dramatique, et tous les arts même, traversent en ce moment une crise, qu'il faut attribuer aux exagérations de l'école romantique moderne. Mais, dans l'étude que nous venons de faire, nous avons rencontré plusieurs fois des crises analogues et relativement aussi redoutables, qui se sont dénouées en quelques sorte d'elles-mêmes par un changement dans l'esprit des peuples et par un progrès marqué pour l'art. Pourquoi n'en serait-il pas ainsi dans un prochain avenir ? Pourquoi désespérer des Muses ?

A la Mélodie.

De ta lyre as-tu donc brisé les cordes d'or,
Toi qui nous fais frémir sous un magique accord,
Qui peins les passions, qui souffles sur nos âmes
Tantôt le calme heureux et tantôt d'âpres flammes ?
Ne sais-tu plus chanter la gloire et les combats,
Nos rois, nos chevaliers, nos preux et nos soldats,
Ni les soupirs profonds de la vierge sublime
Renouvelant à Dieu son serment magnanime ?
Non, non, rien n'a rompu ces rhythmes éclatants
Qui de la terre au ciel unissent les accents.
O Muse ! c'est en vain que la science humaine
Sur tes lèvres retient cette divine haleine
Qui d'éternels parfums enivre l'univers.
En vain des fats, poussés par un espoir pervers,
T'offrent de l'or, et vont, d'une main criminelle,
Changer ta robe blanche en pourpoint de dentelle.
Tu sauras dépouiller ces perfides atours,
Et, libre, ressaisir le luth des troubadours.
Tu veux surprendre encor, dans l'ombre et le silence,
Des blessés de l'amour la plaintive romance,
Entrer dans le lieu saint, consoler le pécheur,
En des hymnes de grâce éteindre sa douleur.

Monte, comme l'oiseau, jusqu'au haut des mansardes ;
Là, près du ciel, tu vois gémissant sous ses hardes
Un artisan. Rends-lui la joie avec tes sons,
Souris à son labeur dans d'honnêtes chansons.
Si tu portes tes pas vers les marches du trône,
Sois modeste ; on voudra t'honorer d'une aumône.
Mais, si le sort t'amène, ange plein de candeur,
Près du laboratoire où l'airain tapageur
Mugit de l'avenir la musique infernale,
Si tu vois quelque monstre, au front d'hydrocéphale,
Sache que ta beauté n'est qu'un épouvantail
Pour celui qui de l'art tient là le gouvernail ;
Évite de franchir le seuil de sa boutique,
Dont l'orgueilleuse enseigne est « Art et politique ».
D'étaler sans pitié la nature en courroux
Et ses sombres rumeurs, son esprit est jaloux ;
Le désordre, le sang, le bruit de la tempête,
A ce cerveau gonflé sont des sujets de fête.
Pour assurer ses coups, il préfère la nuit ;
Du temple le mystère est sans charme pour lui.
Les plaintes de l'amour, les cris de la misère
N'ont jamais eu d'écho dans son âme de pierre.
Va, ris de ses efforts ; qu'il chante avec fracas
Les dieux et l'art domptés par la science. Hélas !
Singulière victoire, où le vainqueur succombe
Et le vaincu divin sort vivant de la tombe !
Car l'art est une fleur qu'on fauche et qui renaît ;
Chaque printemps lui rend sa sève et son attrait.
L'art a, comme l'oiseau, des heures de tristesse,
Et de joie et d'extase, et d'amoureuse ivresse ;
C'est l'astre qui se couche et se lève vermeil,
Qui verse avec la nuit les pavots du sommeil,
Et qui, brillante aurore, embrasera la terre ;
L'art est beau, l'art est jeune. Est-il esprit, lumière,
Corolle ou papillon ? Qu'importe ! Sur le soir,
Avec la brise errant, plein d'amour, plein d'espoir,
Des muses quelque adepte, âme humble ou fier génie,
Entendra les accents de ton luth, Mélodie ;
Le charme de ta voix, douce comme le miel,
Endormira ses sens dans un concert du ciel.
Qu'il soupire, au réveil, sur une lyre humaine,
Et les cieux sont ouverts ; ta victoire est certaine.

    Lyon, le 31 mars 1880.

FRAGMENTS

DE

MUSIQUE ANCIENNE

Planche I

Chanson de Guillem de St Didier, troubadour,
écrite vers la fin du XIIe siècle.

Ja—mays nulh tems nom poir—retz far a—mors

que si—a fais ni mal—trag ni a fans,

car tam me fay a—ra va—len se—cors

que las per—das me res—tau—ra els dans.

Cav—ia pres ad reg per fo—lat—ge.

E si anc—iorn me fetz en re—mar—rit

e—ral per—do lo des—tric el dap—nat—ge

ca—tal do—na fa—mos precx o—be—zir,

Don mesmen—da tot cant ma fag so—frir.

Planche 2

Chanson du Châtelain de Coucy

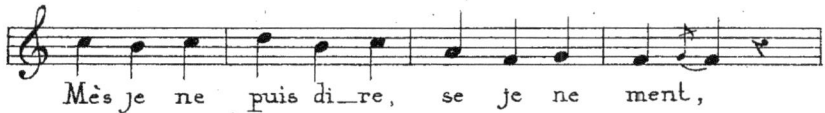

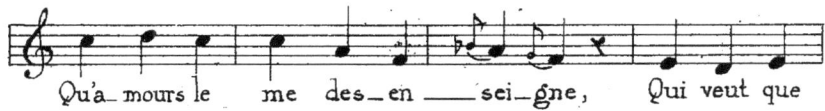

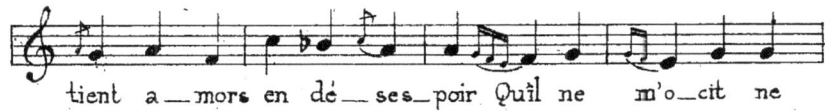

Je chantas_se vo_lon_tiers li_e____ment,

Se j'en trou_vasse en mon cuer l'a_choi_son;

Mès je ne puis di_re, se je ne ment,

Qu'ai_e d'a_mours mu_le riens se mal non;

Pour ce ne puis fai_re li___e chan_son

Qu'a_mours le me des_en____sei_gne, Qui veut que

j'aim, et ne veut que je tien___gne En_si me

tient a_mors en dé_ses_poir Qu'il ne m'o_cit ne

me let joie a_____voir.

Planche 3
Chant de Tanhaeuser

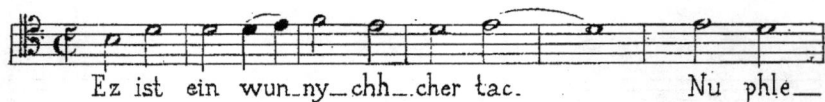

Ez ist ein wun_ny_chh_cher tac. Nu phle_

ge myn der al_ler din_ge wal_te Daz ich

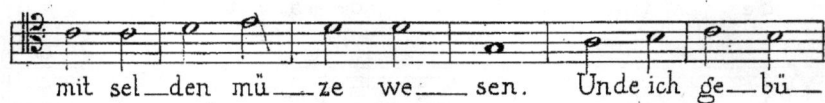

mit sel_den mü_ze we_sen. Unde ich ge_bü_

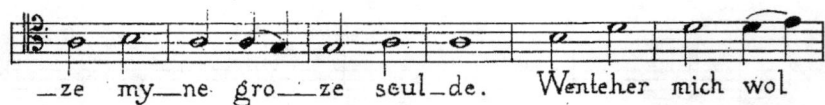

_ze my_ne gro_ze seul_de. Wenteher mich wol

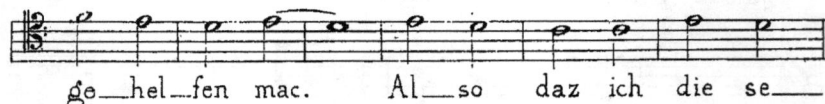

ge_hel_fen mac. Al_so daz ich die se_

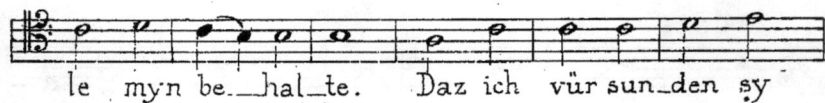

le myn be_hal_te. Daz ich vür sun_den sy

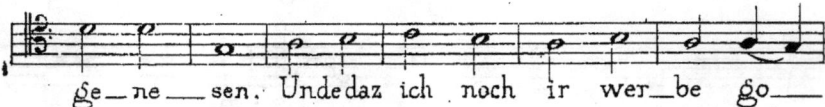

ge_ne_sen. Undedaz ich noch ir wer_be go_

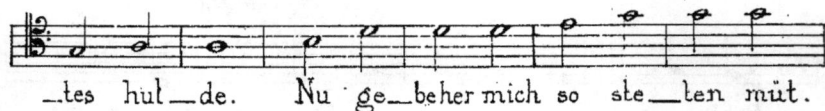

_tes hul_de. Nu ge_beher mich so ste_ten müt.

Daz es der lieb vür_die_ne so. Daz myr

got dan_ken mü_ze. Daz myr dez en____

de wer_de güt. Und ouch die se____le wer_de vro.

Myn schei_den wer_de sü__ze. Daz mich

de_hel__le gar vür__ber. Des hel_te mir de

rey_ne. Unde vü_ge mich des ich da_ger.

Daz miche die hœ__ste vreu_de sy ge_mey_

_ne. Also ich der ma__ge müz un_ver.

Daz ich dort vri__unde vyn_de. Die my_

mer kunfte wer_den vro. Daz ich ge_hey_

zen müge eyn sel__den ri_chez in ge_syn_de.

Planche 4

Chant de Fraüenlob.

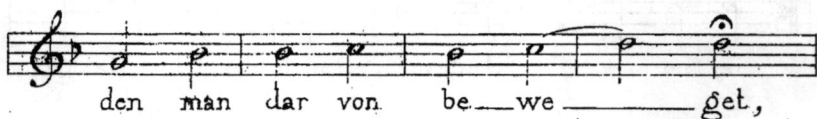

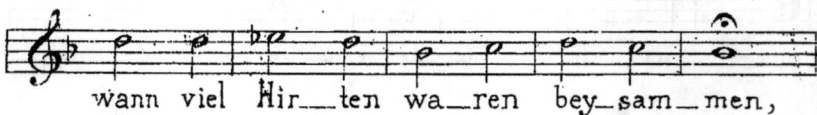

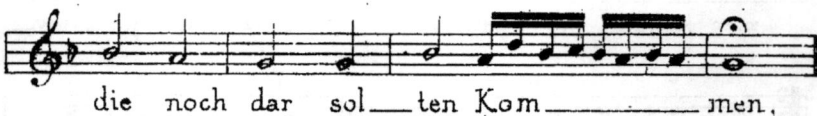

Nun a____ber war ein Brun__nen__da

selbst an dem Ort, Auf wel__ches Pfort;

ein gros___ser Stein ge__le____get,

den man dar von be__we____get,

wann viel Hir__ten wa__ren bey__sam__men,

Drum die__se auch ge__pfle___get,

zu war__ten auf der an___dern Schaar,

die noch dar sol__ten Kom____men,

Planche 5

Gai

Maen nhwn d'weudyd na chai fa—wr, gi—da gwawro

Harpe

gow—aeth; Bôd—lon yd w—i os—caïr. Fun, fod

heb yr ûn gein—iog—werth. *Un des personnages* Hui d'accw hi!

Réponse de l'autre Hwi d'accw hi! a hwi d'accw hi'r l'ân E neth.

Réponse hwi d'accw hi! hwi d'accw hi! à hwi d'accw hi'- l'ân bryc ferth

Lent et doux

Harpe

Aw_

_ay, let nought to   love dis_plea_sing my Wi_ni_fre_da

move your care

Let nought delay   the heaven_ly bles_sing

Harpe

nor squeamish pride   nor glo_my fear

Planche 6

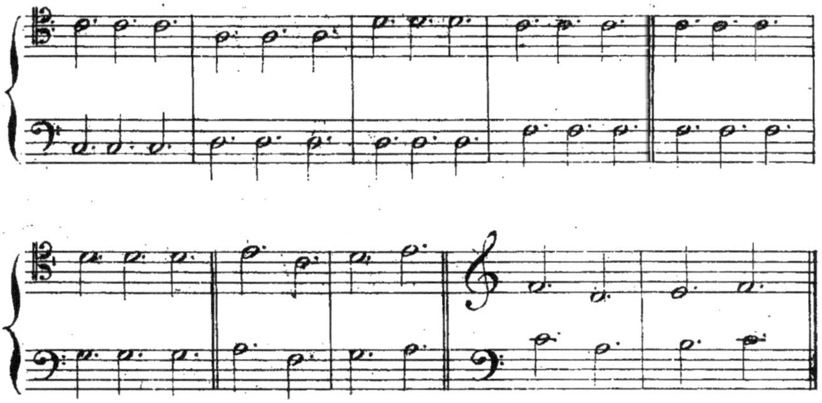

Planche 7

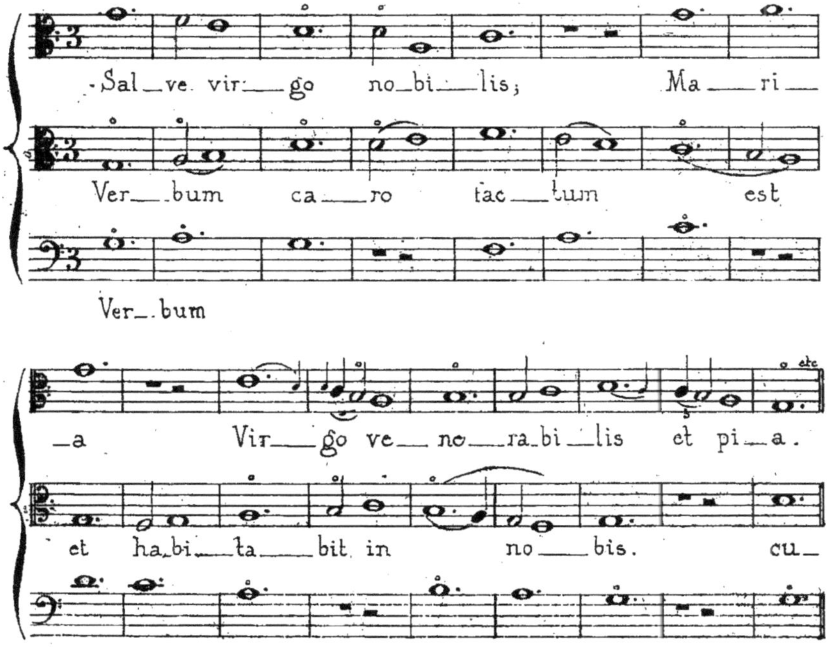
Sal_ve vir_go no_bi_lis; Ma_ri_
Ver_bum ca_ro fac_tum est
Ver_bum
_a Vir_go ve_ne_ra_bi_lis et pi_a.
etc
et ha_bi_ta_bit in no_bis. cu_

Planche 8

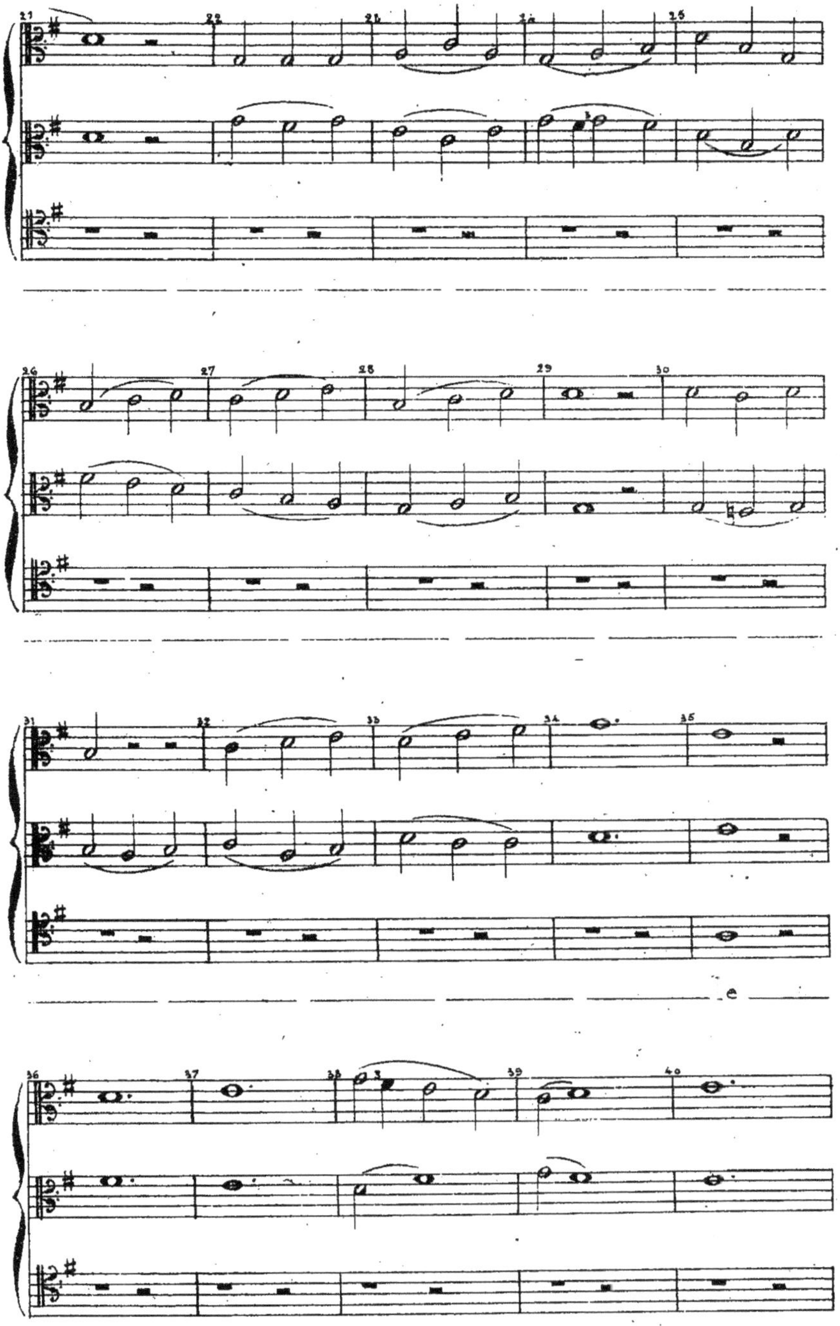

22
25
26
27
28
29
30
31
32
34
35
36
37
39
40

lu

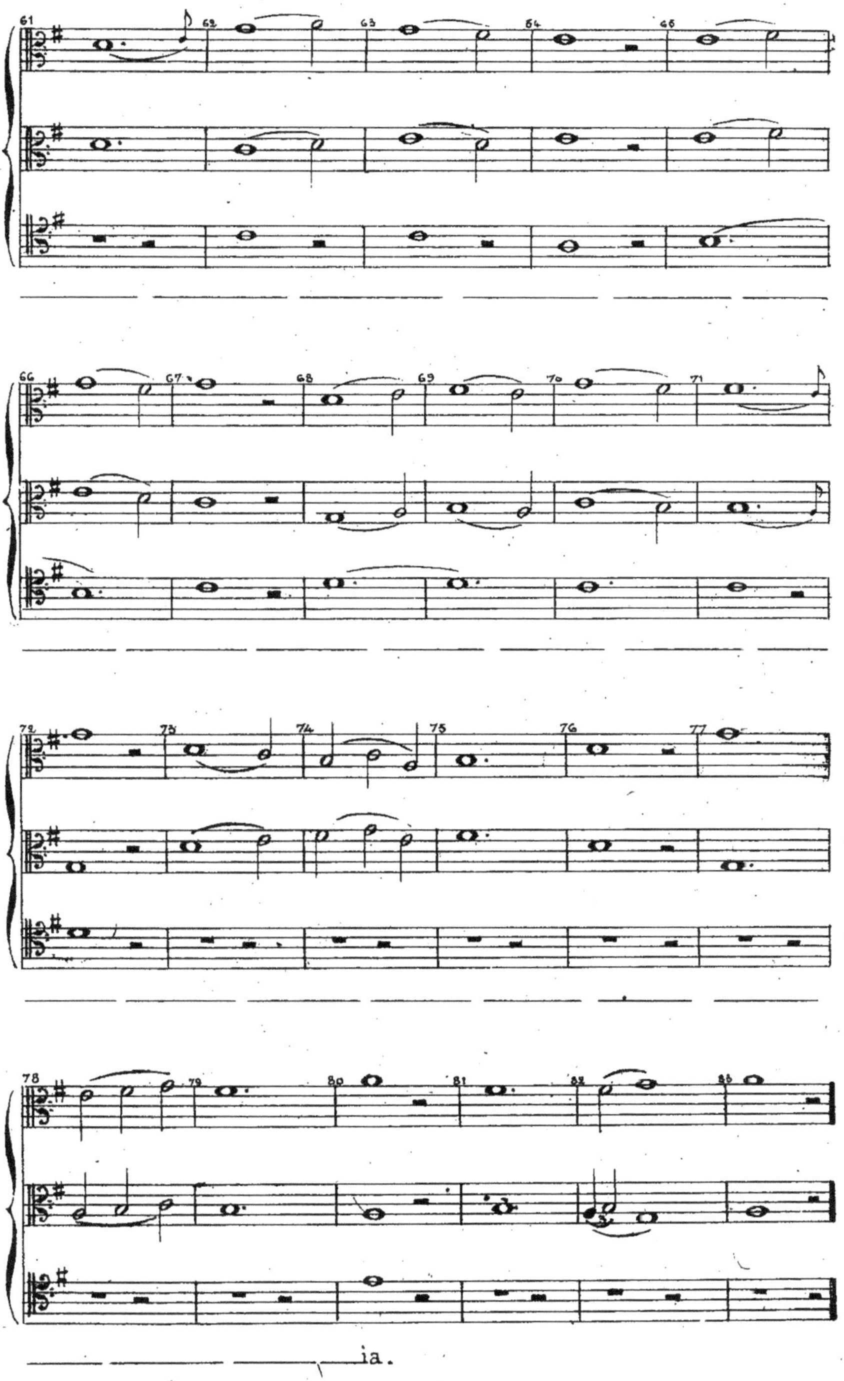
ia.

Planche 9

A————dieu com————mant a——mou—

A-dam ce sont los damours, mais je m'en sois

Su————per te.

—re——tes, Car je m'en vois Do—

plus que nus blâ——mer conques a nul

lans pour les dou——chet——les

jour ni poi loiau—té trou——ver.

Fors dou dous pa——ys d'Ar—

Je cuidai au pre——miers a——voir a——mi—e pour

13
14
lois, Qui est si mus et des_
loiau_ment ou_vrer; mais gi panse
15
16
17
trois Pour che que li bour
longuement ba_er? car quandje miex a_
18
19
20
geois Ont és_té si four_me_
mai plus me con_vient maus en_du_rer
21
22
23
nés qui n'i queurt drois, ne lois,
non que che_le que ja_moi_e ne mi vuot mon

Gros tour—nois ont a—trer seu—lant où je me deus—se

—nu —— lés con—tes et rois, Jus—ti con—— for——ter, ne merchi es—pé—rer

ches et prè—las tant de fois.
Tout a—des en é—toit à moi es—tri——

Que main—te bel—le com—pain—gne Dont Ar—
—ver. Trop me don—na à penser ains que je le.

ras me hain gne, Lais sent a

peusse ou bli er or voi je bien

mis, et mai sons et har nois Et fui

sans douter que loi aus hom est per dus qui veut a mer

ent chà deus, chà trois, sous pi

ne nus che m'est vis ne s'en doit mes ler

rant en terre es train gne.

fors chil qui bec a ser vir de guil ler.

Planche 10
Rondeau de Jeannot de Lescurel.

A vous dou_____cè

dè_bo_nai_____re

ai mon cœur don_____né ja

n'en par_____ti_ré.

Planche 11

Morceau attribué à un certain Johannes Florentinus.

Quan do a mor gli oc chi ri lu

cen ti e bel li, che han'

d'al to fo co la sembian

za la sem bian za ve ra, vol

ge_ne   mie_____i si   den___tro

ar__der mi fan_____no mi fan_____

_no   che per vir_tu   d'a_mor

ven_go   un di   quel__li   spir_____

ti che son nel___la ce___les___te

sfe___ra ch'a___mor e gio__a e__gual men

___te in lor han___no, e___gual men___

___te in lor in lor han___no.

Planche 12

Planche 12bis

Planche 13

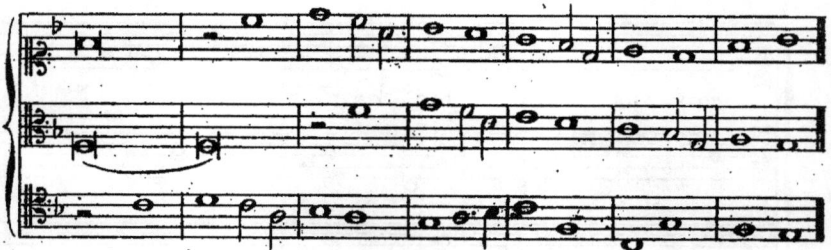

Planche 13bis.

Planche 14

Chanson de Dunstaple

las__ sar   mo__ ri_____

__ re   in__ cor__ ta_____

__ si__ a   in

cor__ ta__ si__ a   in cor__ la si__ a

Planche 15

Kyrie d'Ockeghem *de la messe dite* ad omnem tonum.

Planche 16

Jubilate Deo

de Giov. Gabrieli (1580)

Soprano 1º — Ju-bi-la-te De—o om ——— nis

Soprano 1º — Jubi-late De—o om ——

Soprano 2º

Soprano 2º

Alto — om—nis

Alto — om—

Basso

Basso

ter_____ ra

___nis ter_____ ra

om___nis ter_____ra

om___nis ter_____ra qui__a sic be_nedicetur

ter_____ra qui__a sic be_nedicetur

___nis ter_____ra qui__a   sic be_

om_____nis ter___ra   qui__a sic

om_____nis ter___ra qui__a sic be_nedicetur.

ho—mo   sic be—nedice tur ho—mo   qui timet Dominum

ho—mo be—nedicetur ho———mo   qui timet Dominum Do.

ne di ce———tur ho—mo   qui timet Dom'.num   qui timet

benedi—cetur ho—mo   qui timet Dominum   cui timet

ho—mo   qui timet Dominum   qui timet Dominum.

Jubi_la_te De_o om

Jubi_la_te De_o om_

Ju_bi_la_te De_o om_

Jubi_la_te De_o om_____nis

___mi_num Jubi_la_te De_o om_

Do_mi___num Jubi_la_te De_o om_

Do_mi__num Jubi_la_te De_o

Jubi_la_te De_o om_

_nis ter_ra De__us.

_nis terra De__us.

nis ter ra De__us

ter_ _ra De__us.

nis ter _ra De__us.

_nis om__nis ter__ra De__us.

om_ _nis ter_ra De__us.

_nis om_nis ter__ra De__us.

Planche 17

Duo d'Orphée de Monteverde.

Apollo ed Orfeo ascendono al ciclo cantando.

Apollo

Orfeo Sali_am Sali_am

Sali_am

Sali_am

cantan

can_

d'al cie___lo dove ha vir_

tan d'al cie_lo dove ha vir_

tu ve_ra_ce de_gno pre_mi_odi_se di_

tu ve_ra_ce de_gno pre_mi_o dise

let...

...to e pa_ce   dov' ha virtu ve_ra ___ ce de___

dov' ha vir_tu ve_ra ___ ce de___

gno pre mi _o dise   di let___

gno pre mi_o dise   di let___

to e   pa_ce.

to e pa_ce.

Planche 18

Madrigal de Marenzio.

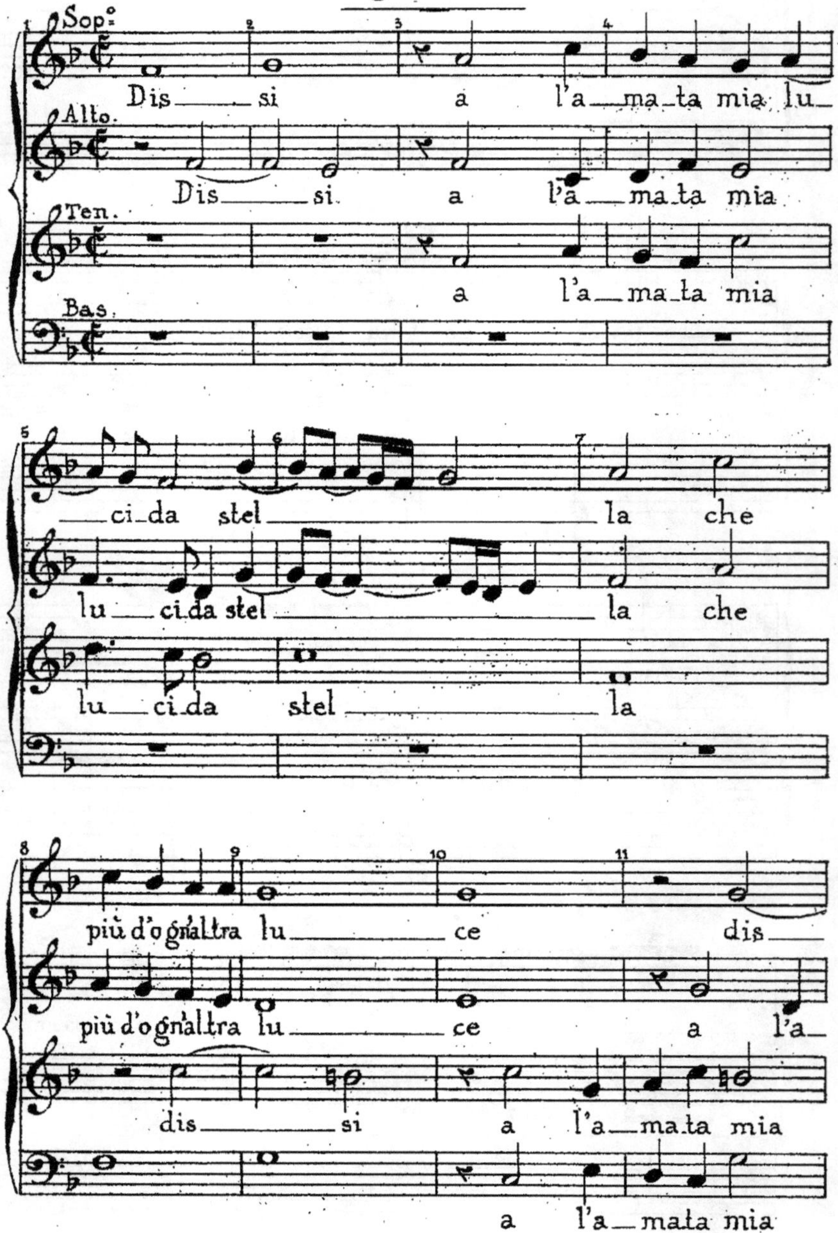

12 13 14 15
si a l'a_mata mia
mata mia lu_ci_da stel la a l'a_
lu cida stel la a l'a
dis si a l'a_
16 17 18 19
lu_ci_da stel la che
mata mia lu_ci_da stel la
mata mia lu_ci_da stel la
mata mia lu_ci_da stel la che
20 21 22 23
più d'ogn'altra lu ce.
che più d'ogn'altra lu ce.
che più d'ogn'altra lu çe.
più d'ogn'altra lu ce.
etc

Planche 19

Air chanté, en 1589, par la cantatrice Archilei

ne   di ce le_____

_sti   si ___ re _____ ne

Planche 20

Chant de Giulio Gaccini.

Scemar di voce esclamazione spiritosa.

Deh!   Deh!   do_ve son fu gi __ ti

Accompagnement

escl. più vivo   *escl.*

deh! do ve son spari ___ ti   gl'oc _____ chi de qual fer

escl.   *trillo*

_ra _ i   io   son ce _____ nere o ma _____

Senza misura quasi favellando in armonica
con la suddeta sprezzatura.

_i Au __ re au re di vi _ ne cherrate pe _ re gri ne in

trillo

questa parte quel' _____ la, deh re _

escl.   *escl.con misura*
                                            più larga.

ca __ te no vel ___ la dell'al ma luce lo ro, au __ re

1.ª Volta   *trillo*   *escl.*

ch'io mene mo _____ ro deh re

2.ª Volta   *esd rinf.*   *trillo una mezza battuta.*

au __ re ch'io mene mo _____ ro.

Planche 21

Fragment de l'Eurydice de Peri (1600)

Vencre si parte, e lascia Orfeo nell'inferno

Fu_nes_te piag_ge ombrosi s. ri_di.

campi che di stelleo di so_le Non vedeste gia mais scintilla o lampi

Rimbombate dolen____ti Al suon dellangosciose mie paro_le

Mentre con mesti ac_cen_ti Il perduto mio ben con voi so__spi_ro

E voi, deh, per pieta del mio marti_re che nel mise_ro cor di mo_

ra e_ter_no Lacri_mate al mio pianto om__bre d'infer____no.

Fragment de l'Eurydice de Caccini. (1600)

Fu neste piagge om_brosi or_ridi cam_pi

che di stelle o di sole non ve de ste già mai scintill'o lam_pi

Rimbombate do len _____ ti Al suon dell'angoscio ____ se mie pa_

_ro_le Mentre con mesti accenti Il perdu_to mio ben con voi sospi_ro

E voi deh per pietà del mio marti_ro che nel mi sero cor di_mo_

_ra e_ter_no La grimate al mio pian ____ to om_bre d'inferno.

Planche **22**

Choral de Luther.

Nun komm der Heiden Hei_land   Der Jungfranen kinder kannt

Dess sich wunder alle   Welt   Gott solch Geburt ihm be_stellt.

Planche **23**

Récitatif d'Armide de Lul_i.

En_fin, il   est en ma puis_

sance Ce fatal enne____mi, ce su_per_be vain_

—queur Le charme du som—meil livre à ma vengeance Je vais per

—cer son invin_ci_ble cœur Par lui tous mes captifs sont sortis d'escla

va_ge Qu'il è_prouve toute ma rage Quel

trouble me saisit? Qui me fait hesi_ter? Qu'est ce en sa fa_

—veur la pi_tié me veut di_re Frappons!

ciel, qui peut m'arrê___ter? Ache___vons! je fré___

___mis Vengeons nous! je sou__pi__re Est-ce ainsi que je

doy me venger au_jour__d'hui? Ma co__lè__re s'é___

___teint quand j'approche de lui. Plus je le

vois plus ma vengeance est vai__ne Mon bras trem

_blant se re_fuse à la hai_ne Ah!

quel_le cru_au_té de lui ra_vir le

jour: A ce jeu_ne hé___ros tout cè_de sur la

ter_re Qui croi___rait qu'il fut né seule___

_ment pour la guerre: Il semble être fait pour l'a___ mour.

Planche 24

—

In terra pax

Fragment de la messe de Guillaume de Machaut,

exécuté au sacre de Charles V, en 1367.

———

ho _ mi _ ni _ bus bo _

ho _ mi _ ni _ bus bo _

ho _ mi _ ni _ bus bo _

_ nœ vo _ lunta_tis lau_da_mus te

_ nœ vo _ luntatis lau_da_mus

_ nœ vo _ luntatis lau_da_mus te

be _ nedi_ci_mus et Ado_ra_mus te

www.ingramcontent.com/pod-product-compliance
Lightning Source LLC
Chambersburg PA
CBHW050023100426

42739CB00011B/2769